Temperature of Capital

资本的温度

真实世界里的资本
人物风云录

王炳荣 ◎ 著

中国经济出版社
CHINA ECONOMIC PUBLISHING HOUSE
北京

图书在版编目（CIP）数据

资本的温度：真实世界里的资本人物风云录 / 王炳荣著 . -- 北京：中国经济出版社，2023.8
ISBN 978-7-5136-7420-1

Ⅰ.①资… Ⅱ.①王… Ⅲ.①资本家–生平事迹–世界 Ⅳ.①K815.38

中国国家版本馆 CIP 数据核字（2023）第 159614 号

策划编辑　燕丽丽
责任编辑　赵嘉敏
责任印制　马小宾
封面设计　久品轩

出版发行　中国经济出版社
印　刷　者　北京富泰印刷有限责任公司
经　销　者　各地新华书店
开　　　本　880mm×1230mm　1/32
印　　　张　11.125
字　　　数　210千字
版　　　次　2023年8月第1版
印　　　次　2023年8月第1次
定　　　价　69.00元

广告经营许可证　京西工商广字第8179号

中国经济出版社　网址 www.economyph.com　社址 北京市东城区安定门外大街58号　邮编 100011
本版图书如存在印装质量问题，请与本社销售中心联系调换（联系电话：010-57512564）

版权所有　盗版必究（举报电话：010-57512600）
国家版权局反盗版举报中心（举报电话：12390）　　　服务热线：010-57512564

献给我的家人和师友

自　序

从经济学的角度来看，资本和土地、劳动力一样，都是构成生产要素不可或缺的一部分。甚至，在某些经济学家看来，一个经济体在腾飞之前，在经济发展的初级阶段，资本的重要性远远大于土地和劳动力。

在我看来，就跟经济活动一样，资本的背后也是人。只要是人，就会有感情，就会有偏好。

掌握资本的政治家、企业家、银行家、投资人、投机者和诈骗者，都是肉体凡胎，都有七情六欲，都会通过配置资本的方式传递自己的无私或杂念、伟大或渺小、安宁或恐惧。就像不能撇开人的因素去预测宏观经济动向一样（期望准确预测宏观经济走向无疑是痴心妄想），我们也不能抛开活生生的人去给资本冠上一个诸如肮脏、嗜血的前缀。在某种程度上，我们甚至可以说，资本是政治家、企业家、银行家、投资人、投机者和诈骗者的阿凡达[①]。

[①] "阿凡达"是一部电影的名字，我的朋友陈扬帆先生曾言，基金是基金经理的"阿凡达"。

由此可见，在资本市场上流动的每一分钱，都散发着人的温度。

对政治家来说，资本是关乎国计民生的命脉，也是个人通往政治前途的通行证和垫脚石。

对企业家而言，资本由最初的现金形态（资本金），逐步转化为产品和服务，待交易完成后进而转化为利润，是一个循环往复的动态过程，涉及时间和流程、地点和场景。

对银行家来说，资本是银行家手中的利剑，是将商业眼光变成商业现实的武器。

对投资人来说，资本是获得企业长期回报的工具，是企业发展历程和企业整个生命周期的见证者。

对投机者来说，资本是"翻手为云，覆手为雨"的博弈手段。

对诈骗者来说，资本是满足其穷奢极欲生活需要的伎俩。

资本出现的时间很早，但它长时间处于极度稀缺的状态。人类跟资本的全面拥抱和深入结合，发轫于大航海时期之后，也就是哥伦布发现新大陆之后的事情，严格来说，是在工业革命之后。在工业革命之前，大部分人即使竭尽全力也只能勉强维持温饱，"马尔萨斯陷阱[①]"就是人类身上的枷锁和头上永不扩散的乌云。

工业革命带来了机器的规模化生产，人类开始享受生产的规

---

① 马尔萨斯陷阱，是指一个经济体系处于低水平的经济发展阶段，人口增长速度高于生产力增长速度，导致资源短缺、贫困和经济停滞。

自 序

模效应，有了剩余资本（积蓄），有了借贷和消费，也有了进一步的扩大再生产、分工与协作，生产力得到了解放，生产效率得到了进一步提升。从此以后，社会步入了经济增长的轨道。这应该是一个美好的时代，虽然会有一些扰动因素，比如逆全球化、局部战争等。

从第一次工业革命至今，尽管人类开始享受经济增长的时间并不长（也就两三百年），却涌现出一批举世瞩目的以资本为生的企业家、银行家、投资人和投机者，也滋生了一批臭名昭著的诈骗者。

这里面，有大家非常熟悉的华尔街银行家，如在金融危机中屡次挺身而出、力挽狂澜的J. P. 摩根。也有大家非常熟悉的企业家，如长期垄断个人计算机操作系统的微软公司创始人比尔·盖茨。

如果盖茨只是一个成功的企业家，那么他很难被收录到本书，因为成功的企业家实在是太多了。盖茨的伟大之处是在慈善方面。他不仅捐钱，而且出力。

企业家与生意人或商人之间最大的区别，是前者有"利润之上"的追求，即有超越利润的目标。如此看来，说盖茨是一个企业家，应该是恰如其分的。

这里面，也有大家既熟悉又陌生的历史人物，比如王安石。王安石变法，其抓手主要是资本，青苗法是个典型。虽然结果不尽如人意，甚至影响了部分百姓的生计，但他的治国思路确实很有前瞻性。只不过，在农业社会，没有人可以破解"马尔萨斯陷阱"和边际报酬递减的魔咒，即便位高权重的政治家王安石也不行。

还有大家耳熟能详的投资人，如乔尔·格林布拉特、但斌、张坤等。他们的个性比较鲜明，且在投资职业生涯中都有自己的特色和坚持。

书中的人物真实存在，书写他们的书籍汗牛充栋。

所以，就书中的人物故事而言，恐怕并没有多大程度的创新。我认为，如果刻意创新，一旦用力过猛，反而可能弄巧成拙、扭曲历史。但是，即便同一个人、同一件事或同样的故事，给我们这些"吃瓜群众"的启示，也是不一样的。本书以故事的行文方式来记录经济发展史上那些名噪一时的人物，目的是让更多的人通过这些事迹去了解资本的本质和运行方式。

当然，我也有一个小小的愿望，那就是让更多的人通过阅读本书，对资本有一个更加客观和理性的认识。

本书按资本背后的人物角色，划分为政治家篇、企业家篇、银行家篇、投资人篇、投机者篇和诈骗者篇。

这种划分方式不够严谨，比如企业家和投资人就很难划分，有些人既是企业家又是投资人；银行家和政治家也多有重叠。像J. P. 摩根，他在人生的大部分阶段，表面上是一个银行家，但其实充当了一个政治家（美联储主席）和外交家（资本外交）的角色。

自 序

再如，投资人和投机者之间也很难划分。有些人用正确的方式投资，但阶段性结果却不能令人满意；有些人用错误的方式投机，却得到了市场的"奖赏"。若按"结果论"的逻辑，恐怕很难将前者归为投资人，将后者归为投机者。

这让我想起了银行家欧内斯特·卡塞尔说过的一段话：

> 当我年轻的时候，别人叫我赌徒；等我活动范围扩大以后，别人叫我投机客；现在，大家称我是银行家。其实我始终如一，做同样的事。

但即便如此，本书仍然按照不太准确的"贴标签"的方式对人物进行划分，一方面试图让读者对资本所在的领域有更深入的了解和认识；另一方面提醒读者朋友，资本无处不在，它作为一个至关重要的生产要素，深刻渗透和影响着我们的生活。

正因为如此，我们更应该系统、全面、理性和客观地看待资本的作用以及站在资本背后的人。

写作此书的过程中，我竭力让自己保持客观、公正和理性的"第三者"身份，尽力做到不偏不倚。但很显然，成书跟我的预期还有一定的差距。

本书所有的不足，责任都在作者，敬请大家对书中的不足多多宽容、多多理解、多多批评。

本书能够出版，与中国经济出版社燕丽丽博士的指导和鼓励是分不开的。燕博士专业、职业和敬业的精神令人印象深刻。中国经济出版社的赵嘉敏老师对本书逐字逐句进行修改和完善，其深厚的文字功力和严谨的工作态度令人惊叹。在此一并表示感谢。

王炳荣
2023年8月于南昌红谷滩

目 录

政治家篇 **是非成败转头空**   1

国有专营政策的"捍卫者"：桑弘羊   6

北宋最著名改革的缔造者：王安石   22

战胜通货膨胀的"金融巨人"：保罗·沃尔克   34

痴迷研究大萧条的美联储主席：本·伯南克   46

企业家篇 **浪花淘尽英雄**   61

"南洋巨富"的报国情怀：陈嘉庚   65

IT领袖的雄心是改变世界：比尔·盖茨   77

一个企业家的刚与柔：曹德旺   89

一个农家孩子的升腾与陨落：许家印   101

银行家篇 **惯看秋月春风**   115

一个不算富人的大资本家：J. P. 摩根   119

左右战争走向的华尔街"胜负手"：杰·库克   131

从弃妇到女银行家的蜕变：张幼仪   141

"零售之王"的"炼金师"：马蔚华   156

投资人篇　青山依旧在　173
能坚持的策略才是好策略：乔尔·格林布拉特　177
情怀铸就最优秀的价值创造者：龚虹嘉　193
一个价值投资者的"无奈"：但斌　205
一个公募基金经理的"倔强"：张坤　220

投机者篇　几度夕阳红　233
一个冒险家的历史遗产：克里斯托弗·哥伦布　237
华尔街第一位伟大的投机者：雅各布·利特尔　250
以一己之力战胜华尔街的"失败者"：杰西·利弗莫尔　261
一个"逆行者"的勇气：约翰·保尔森　271

诈骗者篇　都付笑谈中　287
"庞氏骗局"的缔造者：查尔斯·庞兹　291
从纳斯达克主席到金融巨骗：伯纳德·麦道夫　302
金融史上最离奇的诈骗者：格雷格尔·麦格雷格尔　313
"网贷教父"的崩塌：周世平　328

结束语　339

政治家篇
是非成败转头空

政治家篇
是非成败转头空

政治家离资本并不遥远。他们利用手中的权力，制定相应的政策，进而搅动资本为其服务。

入选本篇的政治家们，都有利用资本改善民生、增进国民福祉的强烈意愿。即便汉武帝的"钱袋子"桑弘羊，其亲自制定国有专营制度的本意也是弥补国库空虚，增强国家财政实力，进而达到"对外能御敌，对内可安民"的目标。只不过，国有专营制度的出台，却对国家私有经济造成了巨大的冲击，产生了一批特权集团，滋生了大量的腐败问题，并导致了国内的矛盾加剧。

这是他始料未及的。至于他是否反思过自己的政策得失，我们不清楚。不过，在和儒生的辩论中，桑弘羊仍然坚持己见，坚信自己制定的政策是最好的、最有效的。

距桑弘羊两千年之久的哈耶克，是奥地利经济学派的代表性人物。他从人性的角度出发，破解了经济运行的密码，并解开了桑弘羊的"惊世之问"。

王安石的情况也比较类似。他的青苗法是为了解决老百姓种粮和吃饭的问题,但最终让不少民众陷入极度贫困甚至是妻离子散的境地。

正所谓,时代的一粒沙,落在个人身上就是一座山。一项政策的出台,给普通民众带来的影响是显而易见的。

桑弘羊和王安石所处的年代,都是农业社会,而农业社会是一个典型的"存量经济"社会。在这个社会,所谓改革,本质上都是重新"切蛋糕"和"分蛋糕"的零和博弈[①]行为。

所以,从历史的"后视镜"里,我们可以看出:让市场自己发挥作用,也许更有利于经济的发展,更有助于国民生活水平的提高。但有些事情不太一样,该折腾的时候还得折腾。

比如,当国家被持续的高通胀困扰的时候。

20世纪80年代初,美国经济深陷高通胀。作为美联储主席,保罗·沃尔克在干预和应对高通胀中表现出来的英勇之举,赢得了世人的广泛赞誉和尊重。

又如,当经济体陷入危机的时候。

本·伯南克对大萧条的研究,让他在亲临经济危机时游刃有余、处置得当,从而防止了危机的进一步蔓延。

梁启超先生曾言:"天下唯庸人无咎无誉。"只要你不是庸人,毁谤或赞誉就必然相伴左右。

---

① 甚至是"负和博弈",因为"切蛋糕"和"分蛋糕"的过程会产生摩擦成本,造成社会总福利的损失。

但好在，本篇的政治家们，都懂"是非成败转头空"的道理。

当然，让我们感动的，是他们"虽千万人，吾往矣"的勇气。

国有专营政策的"捍卫者":桑弘羊

他是汉武帝的"钱袋子",为汉武帝征讨匈奴提供了经济条件。他制定了盐铁专营的经济政策,对后世产生了巨大影响。他是桑弘羊,一个备受争议的大汉政治家和经济学家。

公元前81年农历二月,西汉国都长安,大汉朝的议事大殿上,发生了一场关于国家经济政策的大辩论。

这场大辩论的主题是:盐铁等行业应该任其自由竞争,还是继续国有垄断经营?

这一年是汉昭帝始元六年,雄才大略的汉武帝刘彻已去世六年。

辩论的一方是一群儒生[①]。这群青年才俊是大将军霍光召集到京师的"贤良文学",他们的主要任务就是对桑弘羊的经济政策进行挑刺和发难,以达到废黜盐、铁、酒等国家专营政策的目的。

---

① 儒生:遵从儒家学说的读书人。

辩论的另一方是汉武帝时期的大司农（类似现在的财政部长）、大汉经济政策的制定者桑弘羊和他的下属。

这是一场火药味十足的辩论会，与其说是辩论，不如说是政治角力。因此，双方都铆足了劲儿，试图一击即中，直击对方软肋。咄咄逼人的儒生一上来就对"财政部长"桑弘羊采取了凌厉的攻势，慷慨激昂地陈述了盐、铁、酒国营造成的三大恶果：

首先，国营制度会造成绝对的垄断，价格容易被操纵，也容易出现强买强卖的情况。道理很简单，如果商品的供给方只有一个，那么消费者只能被动地作为价格的接受者而存在。这样一来，该商品的价格就会被抬高，直到高到消费者买不起为止。

其次，政府强行收购粮食和物资建立储备，这是典型的"与民争利"之举，会导致经济萧条和民众凄苦。按照经济学的基本原理，在市场供给和需求基本平衡的时候，会形成一个均衡价格。如果政府或需求方强行压低价格（导致交易价格低于均衡价格），就会导致部分供给方主动退出市场，而供给方的退出又会加剧商品的供给不足。如果供给方无法主动退出，他们也会因为收益无法覆盖成本而破产，最终的结果也是商品供给不足。如果这是生活必需品，那么普通民众就有可能食不果腹、衣不蔽体。

最后，国营制度豢养了权贵阶层，形成了一批"以国营为名，实则攫取私利"的特权集团。

正所谓，绝对的权力，会导致绝对的腐败。

待儒生陈述完毕，对面的桑弘羊紧闭双眼，半天没有发声，仿佛是尊石像。骄狂的儒生咳嗽了两声，算是提醒桑弘羊应战。桑弘羊就像平时上朝时的状态一样，镇定自若，没有丝毫慌乱。只见他轻轻地捋了捋胡须，然后不紧不慢地向儒生发出"三连问"：

帝国财政开支巨大，光靠农业税远远不够，如果不搞国有专营，钱从何处来？

战争和灾荒都需花费巨资，而我们的国库却空空如也，怎么办？

如果财源旁落他人，不掌握在国家手里，一旦地方犯上作乱，该如何？

这"三连问"，其实后两个问题都是对第一个问题的扩展和延伸。核心的问题只有一个：缺钱的国家如果不搞国有专营，政府如果不对经济进行干预，难道还有别的办法吗？

对儒生来说，这个问题其实并不难回答。因为我们从儒生提出的问题中，能看出他们对市场还是有一定程度的理解。但不知何故，他们竟然目瞪口呆、哑口无言。可能有两方面原因：

首先，儒生还是有些惧怕桑弘羊。尽管他们背后有大将军霍光撑腰，但桑弘羊毕竟是"财政部长"，位高权重，也算是国之重臣。万一他在与大将军的政治角力中胜出，儒生是要为自己的"犯上作乱"付出代价的。他们不能没有顾忌。

其次，儒生们原以为，自己的批判有理有据，很全面、很充分，但没想到"桑部长"那么冷静，还"反客为主"地抛出"三连问",那气场实在是太强大了。因此,在老辣的"桑部长"面前,儒生们败下阵来。

后人将桑弘羊的"三连问"称为"桑弘羊之问"。它就像"李约瑟之问①"一样,难倒了中国历代的知识精英。它又像统治阶级压榨百姓、搜刮民脂民膏的借口和遮羞布。所以,"桑弘羊之问"能成为历朝历代封建统治阶级的最爱,不是没有原因的。

如果说,管仲的"官山海②"是开了国有专营的先河,那么,桑弘羊无疑是将国有专营推向高潮的那一个人。

一

汉武帝时期,人杰地灵,名人众多。

就名气而言,"主内"的桑弘羊远不如长期在外征战的卫青、霍去病这类同时代的名将。虽说,他在政坛平步青云,官至御史大夫,位同副相,又是汉武帝临终时的托孤大臣之一,但是史书对桑弘羊的记载,寥寥数笔,几近阙如。而论其在中国历史上的重要性,以及对后世的影响,则要远远超过卫青、霍去病等名将。

约公元前155年,桑弘羊出生于洛阳的一户富商家庭。

---

① 由英国学者李约瑟提出,核心问题是:尽管中国古代对人类科技发展作出了很多重要贡献,但为什么科学和工业革命没有在近代的中国发生?

② 《管子·海王》:"唯官山海为可耳。"

洛阳是西汉时期很重要的一个商业都会，有悠久的商业传统。从历史经验看，一个地方的商业传统显然会对当地的民俗产生巨大影响。此外，洛阳还是一个人文荟萃之地，有苏秦刺股、佩六国相印等传说。

这样的社会环境对桑弘羊的思想有着潜移默化的影响。一方面，少年时期的桑弘羊就能帮助家庭进行一些理财活动；另一方面，出将入相、封土拜爵的出仕立功思想牢牢占据着桑弘羊的头脑。

汉景帝末年，年仅十三岁的桑弘羊以"精于心算"名震洛阳。汉廷一纸诏书，命桑弘羊入宫，担任侍中职位。桑弘羊由此踏上了仕途。所谓侍中，就是侍从皇帝左右，即皇帝身边之人。虽说"伴君如伴虎"，但长期在皇帝身边也是有好处的，因为人都是感情动物。

侍中这个职务，让桑弘羊与汉武帝之间形成了亲密的君臣关系，年轻的桑弘羊也逐渐成为汉武帝的得力助手。

二

西汉文景时期，国库充盈，国力强盛。皇帝们奉行"轻徭薄赋，与民休息"的治国理念，民间经济出现了空前的繁荣。

司马迁在《史记》中高度评价了"文景之治"，他在书中写道：

汉兴七十余年之间，国家无事，非遇水旱之灾，民则人给家足，都鄙廪庾皆满，而府库余货财。京师之钱累巨万，贯朽而不可校；太仓之粟陈陈相因，充溢露积于外，至腐败不可食。

翻译成白话文，大概的意思是：

整个大汉自开国以来七十多年，没有发生什么不安定事件，只要不碰上旱涝，老百姓的日子就过得很舒心。粮食堆得到处都是且多到变质，府库中的铜钱多到串钱的绳子都朽烂了。

国祚传至汉武时期，情况有些变化。

要说汉武帝这个人，还真可谓一个"矛盾综合体"。电视剧里的汉武大帝雄才大略、光芒万丈。但是，他的光芒，并不能掩盖他穷兵黩武、好大喜功的一面。

汉武帝即位后，由于常年发动征讨匈奴的战争，加上朝廷上下的奢靡，文景两朝积累下的充沛国库竟被消耗殆尽，国家财政出现了"用度不足"的危急状况。

按历代统治阶级的逻辑，当国家财政空虚时，向民间加税是简单粗暴、见效最快的方式。但是，连年征战引发屡次征税后，即便地主家也没有余粮了。若继续向贫民征税，沸腾的民怨必将对统治阶级不利。

于是，有大臣向汉武帝进言，建议大力发展国有企业。发展国有企业最大的好处，就是政府既可以掌握财源，真正做到"藏富于国"，又不像向民间征税那样对老百姓的"掠夺感"那么直接,即"拔最多的鹅毛,却让鹅叫得最少[①]"。

汉武帝接受了这个建议,并在之后不久,就付诸实施了。

首先,他将两个"商界大佬"东郭咸阳和孔仅进行收编。东郭咸阳是山东的大盐商,而孔仅是河南的大冶铁商。他们都是当时闻名全国的企业家。汉武帝授予他们二位大农丞的行政级别,一方面是向商界发出"速速归顺朝廷"的信号;另一方面是想利用他们经商的成功经验,负责管理盐铁事务。

当然,最重要的目的还是将盐铁收为国营,增加国家财政收入。

其次,制定盐铁国营规划。刚过而立之年的桑弘羊,因为懂经济、会理财,汉武帝就让他帮助东郭咸阳和孔仅一起研究和制定盐铁国营的规划。很显然,桑弘羊的商人天赋和多年熏陶的政治经验,在这个时候都发挥了作用。这个规划经过一年的起草才完成,其核心内容和中心思想就一条:从今往后,盐铁的生产和经营,统一由国家来做,私人部门不得染指。

汉武帝爽快地批准了这个规划,并让东郭咸阳和孔仅到全国产盐铁之地设立盐铁官营机构,把原来的商人收编,并安排行政级别。

盐铁国营专卖进展顺利,汉武帝和桑弘羊自然也会想到,如果其他行业也搞专卖,把国营专卖的范围扩大,国家财政的收入

[①] 这句话出自英国经济学家哥尔柏(Kolebe)之口。

就更可观了。不过，这个想法的可操作性一般。首先，市场的行业太过于庞杂，如果所有的行业都收为国营，国家机关的编制将大幅扩充，人浮于事的现象将重新出现；其次，将面临专业人才紧缺的问题。

他们思来想去，终于打定主意：除盐铁之外，将市场空间足够大、盈利能力足够强、现金流足够好的酿酒行业也收为国营。于是，政府规定，民间酿酒所需的粮食和酒曲等原料由政府统一供给，酿造工艺必须符合政府制定的酿造要求。更关键的是，私人酿造的酒只能按政府规定的价格卖给国家，私人部门不得出售。最终，酿酒跟盐铁和均输[①]一起，并称为国家主要财政来源的"三业"。

三

虽然汉武帝仍然保留了相当比例的民营经济，但是，跟盐、铁、酒等国家专营的好生意相比，民间私人经营的生意，其商业模式都比较差，竞争力也比较弱。

可即便如此，仍然没有影响汉武帝与民争利的决心。

为了继续充实国库，当时有人提出用"算缗"的方式征收财产税的方案。所谓"算缗"，就是所有的工商业者，都要如实向政府呈报自己的财产数。汉武帝很赞赏这个方案，但因为该方案

[①] 均输：汉武帝实行的一项经济措施，在大司农属下置均输令、丞，统一征收、买卖和运输货物。

遭到了很多官员的抵制，最终不了了之。

但是，桑弘羊上任大农丞之后，该方案就被雷厉风行地贯彻执行了。

这位大农丞还制定了具体的征税标准：二缗抽取一算的税（一缗为1000钱，一算为120钱），即税率6%；小工商业者可以减半抽税。凡是乘坐马车的（官员和军人除外），一乘抽税一算，运货的马车抽二算，船五丈以上的抽一算。

为了杜绝隐瞒财产的问题，提高征税的效率，政府还使出"告缗"的撒手锏：鼓励大家检举揭发恶性隐瞒财产的情况，一经查实，被告发人戍边一年，其财产将被全部没收，告发人将得到被没收财产一半的奖赏。

正所谓，重赏之下，必有勇夫。

靠着这种残酷的手段，国家财政得到了补充，国库变得充盈，但民间经济纷纷宣告破产。更要命的是，与民争利导致民不聊生，大大激发了国内矛盾。汉武帝意识到了问题的严重性，发布《轮台罪己诏》，宣布以后要与民休息。所谓《轮台罪己诏》，又称"轮台诏令"，是汉武帝于征和四年（公元前89年）下的一道诏书。汉武帝在诏书中否决了桑弘羊等大臣在西域轮台地区屯田的提案，并对派遣李广利远征匈奴之事表示悔恨。

从那时起，桑弘羊就开始失宠了。

到了汉武帝驾崩、霍光辅政之时，桑弘羊虽然贵为顾命大臣并加封御史大夫，但他早就大势已去。大将军霍光一直视桑弘羊为眼中钉、肉中刺，为了打压他的气焰，就召集一些"贤良文学"（儒生）和他进行政策辩论。

于是，文章开头的那一幕出现了。

以大将军霍光为代表的得势势力，力图改变汉武帝时期的财政政策，试图收缩国有专营，激活民间经济。但理想很丰满，现实很骨感。随着国家财政收入的增加，政府的开支和预算也急剧上升。一旦收缩国有专营，短期可能面临政府开支和预算的减少，进而可能激发朝廷内部的矛盾。

因此，尽管国有专营政策略有调整，但汉武帝时期的财政政策基本上得到了保留。尽管桑弘羊赢得了这次辩论，但他失去了舆论的支持。元凤元年（公元前80年）九月，同一阵营的上官桀等筹划政变，霍光在政变发动之前，先发制人，将主谋政变的大臣统统逮捕，桑弘羊亦牵连被灭族。

四

有意思的是，距这场历史大辩论近2000年之久的20世纪30年代，一场类似的经济政策辩论在凯恩斯和哈耶克之间发生了。不过，与桑弘羊和霍光紧张的敌对关系不同的是，凯恩斯和哈耶克是一对好友，他们惺惺相惜。

德国轰炸伦敦时，在伦敦政治经济学院教书的哈耶克随学校一起搬迁到了凯恩斯所在的学校——剑桥大学。凯恩斯在国王学院为哈耶克安排了房间做研究。

据说，两位竞争对手甚至曾在学院教堂的屋顶上共度了一晚。

1944年，凯恩斯提名哈耶克为英国科学院院士，而不是他的弟子琼·罗宾逊。琼·罗宾逊可不简单。她是世界级经济学家中唯一的女性，也是有史以来最著名的女性经济学家，被经济学界学者认为是应该获得而未能获得诺贝尔经济学奖的少数几个经济学家之一。

罗宾逊是将"不完全竞争"引入经济学的先驱。这一概念使经济学领域发生了彻底的变化。她的第一本书《不完全竞争经济学》（The Economics of Imperfect Competition）于1933年出版，并为她赢得了国际声誉。

可以说，这本书改变了经济学家思考价格和工资决定因素的方式。

罗宾逊分析了在垄断条件下的价格决定机制。在她看来，如果市场存在垄断力量，就不能形成完全竞争。这也就很好地解释了为什么在某些不完全竞争的行业或领域，员工或工人的工资会低于其劳动力的市场价值。

罗宾逊还写过一本关于马克思主义经济学的书，这使她遭到了部分经济学家的排斥。她对中国和朝鲜的支持也让她在西方主流媒体中不太受欢迎。罗宾逊从不隐藏自己的信仰，据说，她甚至穿着越南农民的服装去给学生授课。

让我们把话题继续转向凯恩斯和哈耶克。

1946年，凯恩斯去世后，哈耶克写信给他的遗孀：凯恩斯是"我所认识的唯一真正伟大的人,我对他无比钦佩"。但是,友情归友情,学术归学术。吾爱吾友,吾更爱真理。无论是凯恩斯还是哈耶克,他们都是拎得清的。

五

哈耶克于1899年出生于奥地利维也纳,他的父亲是一位医生,母亲来自一个拥有土地的富裕家庭。

1931年,哈耶克在伦敦政治经济学院开办讲座,也就从那时候起,他掀起了一场和凯恩斯有关的"政府与市场"的大辩论。很显然,"挑事者"是哈耶克,"接招者"是凯恩斯。哈耶克对凯恩斯的经济主张进行了无情的批判,被激怒的凯恩斯只好被动应战。哈耶克为什么将矛头指向凯恩斯?他批判的经济主张到底是什么呢?

我们需要对当时的时代背景做个补充。

1929年,美国经济危机爆发。这场经济危机持续了整整三年,远远超过了大家的预期。经济危机造成几千家银行倒闭,几万家企业破产,也导致美国民众失业率居高不下。经济危机爆发后,凯恩斯对美国政府的举措密切关注。

罗斯福上台后,凯恩斯一直向罗斯福政府灌输自己的"政府干预经济"的主张。凯恩斯认为,经济危机发生后,政府应该主动干预,而不是被动地等待市场自行调节和恢复,因为政府的干预可以大大缩短危机的持续时间。

可以说，"罗斯福新政"其实就是凯恩斯思想在政策上的实现。所以，凯恩斯的经济主张，说直白一点，就是政府强干预经济的主张。

在哈耶克看来，政府的作用不是指导经济，而是制定并执行财产法和与贸易相关的法律，使个人以互利的方式相互交易。自由是法律至上的反映，而不是法律的缺失。自发秩序是哈耶克思想的核心。

而凯恩斯对古典经济学观点（被动地等待复苏）持批评态度。在他看来，古典主义经济学家所说的"长期"是一个相当漫长的过程。"从长期来看，我们都死了"，这是他的名言。凯恩斯的贡献，就是将人们的关注点从长期目标转向了短期目标。短期内市场调整乏力，因此需要政府在其中发挥作用。

凯恩斯是一个十足的表演家，不但机智而且善于表达。相比较而言，哈耶克缺乏领袖魅力和沟通能力。他说话带着浓重的奥地利口音，有人说他是一个差劲的老师。据说，他在伦敦政治经济学院的学生要求他改用德语授课，因为这样还能多听懂一些东西。

这场辩论，从结果来看，显然是风度翩翩的凯恩斯大获全胜。

桑弘羊和儒生的辩论，让国有专营制度持续发扬光大。凯恩斯和哈耶克的辩论，让世界开启了"凯恩斯时代"。苏联借助"凯恩斯主义"，开了计划经济的先河。德国借助"凯恩斯主义"，大力加强政府投资和基础设施建设，但也带来了巨大的财政赤字和通货膨胀压力，并导致了战争狂人希特勒的上台。

二战后，哈耶克出版了《通往奴役之路》《自由的宪章》《致命的自负》等书籍。其中，《通往奴役之路》被誉为"20世纪最伟大的著作[1]"。他以无可辩驳的事实和逻辑向世界证明：

任何人都不可能穷尽经济规律，知识的碎片不可能集中在一个大脑中。

鉴于技术和生产过程的复杂性，这当中需要的知识不是任何个人或委员会可以掌握的。

当规则和法律允许每个人根据自己的意志运用知识和能力，社会就会更有效率。

只有自由市场才能充分利用稀缺的知识，使社会保持运转。

凯恩斯虽然赢得了辩论，但从结果来看，苏联的解体，英美抛弃凯恩斯之后对自由市场的拥抱所带来的强盛，似乎证明，哈耶克的经济思想和主张，才是永葆经济繁荣昌盛的密钥。换句话说，与桑弘羊对垒的那一帮儒生没有想到，他们回答不了的问题，有一个叫哈耶克的经济学家，站出来替他们回答了。

1974年，哈耶克获得了诺贝尔经济学奖，推动了20世纪七八十年代古典自由主义思想和奥地利学派经济学在欧美的复兴。

1992年，哈耶克去世，享年93岁。

---

[1] 书名来自法国作家亚历西斯·德·托克维尔曾经用过的一个短语：奴役之路。

◇ 投资人视角

桑弘羊作为皇帝身边的得力助手，吃的是"皇粮"，又是汉武帝的"钱袋子"。他的经济主张是为帝国的强盛服务的。因此，无论是立场，还是出发点，似乎都没有什么问题。

只不过，他没想到的是，他的经济主张（政府对经济的强干预）会对民间经济（私人经济）造成如此大的负面影响。他更没想到，他的经济政策会被后世的统治阶级不断强化和加以利用。

哈耶克的自由市场经济主张从人性的底层逻辑出发，更系统、更全面地解读经济发展的基本规律。只不过，在特定阶段，这种"无所作为"的经济主张并不受欢迎。

理由也简单。

在经济危机中，国民财富的损失和政府的干预，是"看得见的"；但过度干预经济造成的后果以及自由市场带来的好处，是暂时"看不见的"。没有哪个政府愿意给人以"无所作为"的感觉和印象。

是政府干预多一些，还是市场自身调节多一些，在不同的历史进程中答案应该会有所不同，政府和市场之间配置资源的效率是不一样的。

就像幼儿需要父母的照顾一样，当一个国家的经济发展处于早期萌芽状态，它需要政府的强干预来开疆拓土、保驾护航。哪怕英国这样的老牌资本主义国家，其"第一桶金"的积累方式——殖民主义、帝国主义和奴隶贩卖，背后也是政府的力量在主导。也就是说，政府干预和自由市场之间，不是相互替代的关系，更不是对立的关系。

就像小平同志当年所说的那样：

"计划多一点还是市场多一点，不是社会主义与资本主义的本质区别。计划经济不等于社会主义，资本主义也有计划；市场经济不等于资本主义，社会主义也有市场。计划和市场都是经济手段。"

但是，当国家的经济运转进入良性循环之时，应该让市场在经济发展中发挥更大的作用。这个时候，政府的主要职能是提供公共产品，私人物品应该由私人部门去提供。

对投资人而言，我们很在意政策的稳定性、透明性和一致性。一个稳定、透明和一致的政策制度，有助于提升经济活动的信用程度，也可以为国内外的投资者提供一个稳定的投资环境。

主要参考资料：

[1] 吴晓波.浩荡两千年[M].北京：中信出版集团，2017.

[2] 琳达·岳.伟大的经济学家[M].赵亚男，译.北京：中信出版集团，2020.

北宋最著名改革的缔造者：王安石

他是北宋时期的政治家，权倾朝野，位极人臣。他是大文豪，在诗、文、词领域都有杰出成就。他是北宋最著名的改革——"王安石变法"（又称"熙宁变法"）的缔造者。他就是"天变不足畏，祖宗不足法，人言不足恤"的王安石。

要把一个距今近一千年的历史人物写好，对执笔者来说，既是一个机会，更是一个挑战。

说它是个机会，是因为像王安石这般的"大人物"，尽管他的世界和年代距我们非常遥远，但有关的史书资料非常丰富。林语堂先生曾言，我们知道一个人，或是不知道一个人，与他是否为同代人没有关系。

人们普遍存在一个错觉，就是以为自己很了解身边的亲人或朋友。但情况往往并非如此，因为人是会变的，会因为经历或者遭遇导致性情发生某种变化。但历史人物既已成为历史，他们的性情就不会有什么变化（不过，外人对历史人物的认识是有可能变化的），基本上就可以盖棺论定了。

政治家篇
是非成败转头空

说它是个挑战，主要是因为民众对一个历史人物的了解，或者对历史人物的记忆残留，基本上来自一些跟历史人物相关的历史事件。这跟我们大脑喜欢偷懒有很大关系（显然是自然选择的结果）。我们的大脑虽然只占体重的2%~3%，但即便在休眠状态，也要耗费身体能量的20%~30%。一个偷懒并总是试图节省能量的大脑很容易形成某种思维惯性。

因此，任何的创新，只要不太符合大众认知的"人设"，就会引起大众的某种抵触，甚至是反感。不过，好在这篇文章的主角，在历史长河中，是一个备受争议的人物。

一

当我们用"腹有诗书气自华"来形容一个人的时候，一般是在称赞他的才华，而不是批评他的不修边幅。

我们的主人公王安石，还真的是一个不修边幅、不注意饮食和仪表之人。衣裳肮脏且长期不换，须发纷乱更是他的常态。有一次，他同几个朋友一起去澡堂洗澡。朋友见他的长袍满是污垢，于是在门口给他准备了一套新的。王安石洗完澡后，随手就把新的长袍穿在了身上，丝毫没有察觉别人给他换了衣裳。

王安石在做扬州太守韩琦的幕府时，经常通宵读书。有时候困了，就在椅子上小睡一会儿。等他醒来的时候往往已经到了"上班"时间，来不及洗漱和打理须发。太守韩琦看他那副样子，以为他彻夜纵情声色，就劝他要把时间和精力多用在读书上。王安石倒也懒得解释，仍然我行我素。

还有一个故事跟吃有关。

有朋友告诉王安石夫人，说她丈夫很喜欢吃鹿肉。王安石夫人很惊讶，表示不信。因为她很清楚，她的丈夫从来不在意吃什么。朋友说，如果他不喜欢吃鹿肉，他怎么可能把面前的整盘鹿肉都吃完呢？王安石夫人恍然大悟。她说，下一次，你们把别的菜放在他面前，看他会怎么做。果然，吃饭时，王安石开始吃放在他面前的菜，桌子上照样摆了鹿肉，但他竟然毫不知情。

当一个人专注于内在和里子的时候，忽略外在和面子也就不足为奇了。

王安石奇怪的生活方式，让他在北宋的官场中显得很另类，而官场中的另类一般不太受同僚欢迎，哪怕你位高权重。

用"抱团取暖"这个词来形容封建官场再合适不过了。后人经常批评科举考试的种种弊端，但不能否认的是，能考取功名、获得一官半职之人都不是傻子。

在追求自身利益方面，大部分人是理性的。对封建政治体制内的官员来说，不求有多大的功劳，不犯大错才是根本。你好我好，跟同僚打成一片，抱团取暖才是明智之举，也是能让自己在这个群体里幸存的生存之道。

而王安石，他不是这样的人，他是官场中的另类。

他不但没法和同僚和平共处、打成一片，而且事事有主张、事事有主意。此外，他对自己的施政纲领（变法主张）也是固执己见。因此，在他的整个政治生涯，其政治主张并没有得到核心同僚的支持。他的性格和处世方式，在某种程度上已经决定了他一直提倡的变法不太可能会一帆风顺。

二

王安石从小就是"别人家的孩子"，酷爱读书，且过目不忘。他21岁中进士，在进京做官之前，大部分时间在地方任职，有丰富的基层工作经验。这期间，他不是没有提拔的机会，而是好几次都谢绝朝廷的提拔。

在地方任职的时候，王安石也算是成绩斐然。

他大兴水利，大力发展教育。更难得的是，他敢于打破常规。农业社会是一个靠天吃饭的存量经济时代。在青黄不接的时候，农民不仅吃不饱饭，甚至连第二年的种子粮都没有。有些农民只好以极高的利息向地主或豪绅贷款买粮。

王安石为了解决这个问题，将政府的储备粮以政府的名义贷给农民，所需的利息比地主或豪绅的高息低得多。这是青苗法的雏形，也是王安石所依赖的经世济民的成功经验之一。对信贷高度发达的当今社会和现代人来说，王安石给农民提供的粮食贷款好像也没什么创意。但在当时的人眼中，这应该算是石破天惊之举了。

王安石借助国有资本的力量，为农民一解燃眉之急，从地方到中央，都引起了极大的轰动。借力国有资本和地方任职的好名声，王安石为自己的仕途插上了腾飞的翅膀，也拥有了政治跃迁的资本。

三

宋朝是一个上承五代十国，下启元帝国的朝代，以靖康之耻为界，分为北宋和南宋。

伊恩·莫里斯在《西方将主宰多久》一书中，对人类文明的发展进行了系统性研究，并回答了"中国为什么在近几百年落后于西方""东西方有几次大分流"等问题。在他看来，东方文明和西方文明有三次大分流，第一次（最早的那次）和第三次（最近的这次）都是西方文明主宰世界。但在第二次大分流中（公元5世纪到公元18世纪），东方文明成了世界文明的中心，主宰了世界。

在这个阶段，毫无疑问，宋朝达到世界农耕文明的顶峰。

在经济领域，宋朝实现了城市化和商业大发展，汴京和杭州等城市十分繁荣。比如，《清明上河图》就生动地记录了汴京城市面貌和当时社会各阶层人群的生活状况。在金融领域，宋朝出现了交子（纸币）、有价证券和政府采购等。在军事领域，宋朝发明了很多冷兵器和火药武器。在文化领域，造纸术和印刷术进一步发展，纸张更加便宜，印刷技术完善，书籍开始走进千家万户。在冶炼领域，宋朝发明了焦炭炼钢，比西方大约早500年。宋朝的汝窑制作温度高达1700摄氏度，而西方的瓷窑直到19世纪末发明电之后，其制作温度才达到1700摄氏度。因此，无论是经济金融方面，还是文化艺术方面，宋朝都达到了当时人类文明的最高峰。

但是，与经济金融和文化艺术相比，宋朝的军事实力一直比较薄弱，辽、金、西夏等政权不断侵扰。有一句话说得好，战场上得不到的，也别指望在谈判桌上得到。但北宋和辽国之间签订的《澶渊之盟》让战败国辽国得到了战场上得不到的东西。

由此可见，当时的北宋，虽然"富国"，但远远未到"强兵"的地步。

宋神宗20岁即帝位，年轻的皇帝精力充沛，雄心万丈，富国强兵的意愿极强。在他还是太子的时候，他就已经是王安石的"忠实粉丝"了。他一即位，就将王安石调任京都。宋神宗的改革热情感染了王安石，王安石对局势的分析也让宋神宗印象深刻。经过一番彻夜长谈，君臣的双手紧紧地握在了一起，大有"君若不负我，我必不负卿"的豪迈。

客观来讲，如果不是宋神宗的大力支持，王安石的变法根本不可能持续一二十年之久。

王安石的变法内容其实也不复杂，说来说去无非包括富国之法、强兵之法、取士之法三个方面。其中，富国之法中的青苗法、强兵之法中的保甲法引起了极大的争议。

所谓青苗法，就是在春耕的时候由政府贷款给农民，农民用贷来的钱买种子，待收割时本利收回。王安石在地方任太守的时候,就采用过这个方案,也确实受到了农民的欢迎。但是,地方的成功经验,是否适合向全国推广,答案并不总是肯定的。

诺贝尔经济学奖获得者保罗·萨缪尔森曾提出"合成谬误"这个概念,意思是,对局部来说是对的东西,对总体而言却未必如此。当年成好的时候,农民贷款买种子,之后收获、还本付息,农民和政府双双受益。但若年成不好,农民很可能违约,甚至连利息都还不起。在官府的逼迫之下,很多家庭可能妻离子散、家破人亡。

此外,按照封建社会的组织架构和激励机制,一项好的政策,到了地方完全有可能变成坏的制度。对某些相对富裕的地方来说,农民用自己的留存资本买种子就够了,根本不需要贷款。但地方政府为了完成王安石制定的贷款任务,逼迫当地农民向政府贷款。于是,农民拿着这些利息并不低的贷款,要么吃喝嫖赌,要么做点儿小本生意。吃喝嫖赌的结果当然是欠下巨债而无力偿还。即便是小本生意,在宋朝这种国家资本主义盛行的朝代,小老百姓赚点儿钱也是极其困难的。

总之,青苗法早期为王安石博得了一个"资本能手"的美名。但正所谓"成也萧何,败也萧何",全国范围的青苗法让老百姓叫苦连天。

保甲法之所以引起争议,兵源质量把控还是小事,最大的问题是它跟免役法放在一起同时向外界公布。本来,老百姓如果愿意花钱,就可以不用服兵役,但保甲法又把服兵役这个重担重新放到老百姓肩上。这无疑加重了老百姓的负担,所以方案得不到民众和旧臣的拥护,执行起来难度大也在情理之中。

比如,以司马光为代表的一班旧臣,对王安石的变法就极为反感。在司马光看来,王安石的财政技能,说一千道一万,无非在分配方面做文章罢了。

王安石进京后不久,司马光就跟他在宋神宗面前大吵了一架,丝毫不给这位皇帝身边的红人一点儿面子。司马光当着宋神宗的面,嘲笑王安石的财政只不过是在百姓身上多征税而已。王安石自然是不服的。他认为,当前国库空虚的原因是掌管财政的人不懂理财。如果会理财,在不增加捐税的情况下,也能充盈国库。

司马光反驳道,一国的财富总量是固定的,这笔财富不在老百姓手中,就在政府手中,无论你实行什么政策,或给这个政策冠以什么样的名称,你只不过是把老百姓手中的钱拿过来交给政府而已。

很显然,司马光对农业社会的经济特征一语中的、洞若观火。

四

世人对王安石变法的评价并不统一。有人认为变法让北宋更加强大了;有人认为变法因为不彻底,反而动摇了北宋的根基。

实事求是地讲,在农业社会,所谓变法或改革,其实就是一个重新洗牌和"切蛋糕"的过程。农业的核心问题在于这个行业很难有规模效应，五个人种一亩地，并不会因为人员的增加而比三个人种一亩地的产量更高。也就是说，这个行业边际报酬递减的特征非常明显。

唐代政治家、诗人李绅在他的《悯农》（其一）中写道：春种一粒粟，秋收万颗子。四海无闲田，农夫犹饿死。这首诗一方面反映了社会的不公；另一方面突出了农业经济缺乏规模效应，难以打破"马尔萨斯陷阱"的弊病。

如果从投资的角度来看这个行业，可能看得更清楚一些。

首先，谷物是一个标准化的东西，很难有差异化，除非在饥荒年间，否则大部分时候，老百姓都不愿意为它付出过高的溢价。

其次，粮食关乎国计民生，从统治阶级的角度看，价格的大幅上涨等同于扰乱社会秩序，所以，涨价几乎是不允许的。

整体来看，农业社会的经济活跃度是非常低的。即便在某一年获得好的收成，但因为粮食本身的保质期短，普通家庭往往会将其转化成耐用消费品（生孩子）。但一旦孩子生多了，又导致粮食不够吃。

所以，农业社会的变法和改革，本质上是一个存量再分配的过程。就像司马光说的那样，国家拿多了，民间百姓拿的就少了。

对存量经济和资本的争夺，很容易激起改革派与保守派之间的矛盾。如果碰上天灾或战乱，矛盾会极其尖锐。当改革很长一段时间看不到效果的时候，改革派内部也不会是铁板一块。这个时候，改革所付出的代价往往需要主导改革的领袖来承担。

纵观各朝各代的改革，从商鞅变法到王莽改制，从王安石变法到张居正改革，总体来看都是失败的。存量改革，总会导致某些人的利益受损，总会碰到巨大的阻力。

王安石是何等聪明和卓越之人，他不太可能不知道这个道理。他应该明白，他的改革主张成功之概率会有多低。但他还是拿出了"虽千万人，吾往矣"的勇气和决心。

就凭这点，我也会对我这位江西老乡肃然起敬。

◇ 投资人视角

王安石在《元日》这首诗中写道：

爆竹声中一岁除，春风送暖入屠苏。千门万户曈曈日，总把新桃换旧符。

此诗表面上是描写春节除旧迎新的景象，实则表达了王安石革新政治的决心。

主导改革的王安石，让人想起了塞万提斯笔下的堂吉诃德。王安石的改革一开始就进展不顺，除了宋神宗，愿意支持并配合他的人很少。处处碰壁，但他仍然选择勇往直前，直到最后黯然离场。

如今的我们，张口闭口就是"经济发展"或"经济增长的前景"，已经习惯于身处经济增长的环境中。在经济增长的大环境下，政府主导的社会改革完全有可能达到"帕累托改进"的目标：在不损害一方利益的情况下，让另一方利益得到明显的改善①。

这种社会改革，往往容易推进，因为阻力比较小。但实际上，经济增长的出现，经济增长曲线的陡然上升，也就近两三百年的事情，即工业革命开始至今才有的事情。

在漫长的农业社会，人类经济发展水平低下，整个社会的经济总量长时间保持不变。如果碰上旱涝或其他自然灾害，甚至会出现经济总量的萎缩。哪怕是王安石所处的那个相对富裕的大宋，也是如此。

在这样的时代背景下，所谓的改革，本质上就是利益的再分配。也就是说，一方得利，是以损害另一方的利益为前提的。毫无疑问，这种社会改革，阻挠改革的力量会非常大，改革的成本会非常高，改革的成功率会非常低。

所以，农业社会历朝历代所谓改革，成功是偶然的，失败是必然的。时代的潮流，并不以个人意志为转移，跟浩浩荡荡的时代潮流作对，最终的下场都会比较凄惨。

作为投资人，我们要做的，就是顺应时代潮流，不要逆潮流

---

① 也有经济学家不同意世界上存在"帕累托改进"这种事情，理由是：一方利益的改善，即便在经济利益上没有对另一方造成损害，但双方地位的改变，也对另一方造成了伤害。

而动。

比如，不应该去做空一个经济体。尽管今天的我们碰到了不少难题，如贸易保护主义、意识形态的对抗、局部战争等。但人们对美好生活的向往仍然是刚需，经济增长的大环境仍然没有发生根本性的变化。

我们应该选择做一个理性乐观主义者。我们更应该做的，是对我们国家的经济前景保持足够的信心和耐心。

主要参考资料：

林语堂. 苏东坡传[M]. 张振玉, 译. 长沙：湖南文艺出版社, 2016.

战胜通货膨胀的"金融巨人":保罗·沃尔克

他亲手埋葬了自己一直坚持的固定汇率体系,见证了布雷顿森林体系的解体。他在20世纪80年代初美国的恶性通胀环境中持续采取紧缩政策,承受着讽刺、嘲笑和谩骂,但最终将通胀控制在持续的低水平。他一直警示世人,要抑制住滥发货币导致的过度宽松的冲动和诱惑。在整个职业生涯,他坚韧果敢、择善固执,坚持做自己认为正确的事,不顾后果。他是保罗·沃尔克,一位勇于对抗通胀和投机的勇士。

2022年10月13日,美国劳工部公布的数据显示,9月份美国居民消费价格指数(CPI)环比增长0.4%,同比增长8.2%。环比涨幅超预期,同比涨幅仍维持在历史高位。其中,9月核心CPI指数(不包括波动较大的能源和食品价格)同比增长了6.6%,创下自1982年8月以来的最大增幅,该指数8月份增长了6.3%。

为了缓解通胀,美联储自2022年初以来一直在激进加息。在经历多次大幅加息之后,一些评论员将美联储现任掌门人杰罗姆·鲍威尔视为这个时代的保罗·沃尔克。

保罗·沃尔克曾力排众议，带领吉米·卡特和罗纳德·里根执政时的美联储在20世纪80年代初引入了激进的货币紧缩政策，以经济连续两次陷入衰退为代价，将通胀率推至持续的低水平。

这给美国带来了长达数十年的繁荣期，被人们称为"大稳健（Great Moderation）"。

一

1974年，沃尔克从财政部副部长位置退下来的时候，没有人觉得他会加入美联储，包括他自己。

沃尔克家庭条件并不好，或者换一种说法：他的家庭并不富有。在他刚从财政部离职的时候，他的妻子芭芭拉就被诊断出风湿性关节炎，儿子吉米也身患残疾。在他这个年龄，以他的资历，在华尔街投行找份工作，干一年可能相当于在美联储或财政部干十年。

他也不是没有动过去华尔街的念头。他有不少前同事和同行，在华盛顿卸任之后，很快就在华尔街大投行谋得了一份年薪百万美元起步的职位。更何况，在当时，也确实有猎头公司向沃尔克提供过百万美元年薪的职位机会。但时任美联储主席阿瑟·伯恩斯的一番谈话，基本打消了他去华尔街的想法。

伯恩斯邀请沃尔克担任纽联储行长一职。纽联储是美联储在美国的12家分行之一，主管纽约地区的金融业，对美联储负责。

但跟全美其他11个地区性银行不同的是，纽联储直接执行中央政府的货币政策，不但进行大量的外汇交易，还管理美国财政部很大一部分的债务。纽联储的总裁是联邦公开市场委员会的终身会员、副主席，而联邦公开市场委员会负责制定利率。

其实，沃尔克跟伯恩斯私交并不好。在沃尔克看来，伯恩斯邀请他加入美联储，带有某种阴谋。早在沃尔克供职于美国财政部的时候，他就跟伯恩斯有过多次交锋。他们在处理美元贬值和通货膨胀的问题上，意见几乎完全相左。在尼克松政府时期，正是美联储主席伯恩斯实施的宽松政策，才将美元推向持续贬值的道路。

所以，20世纪70年代初，为了抑制黄金价格的持续飙升和美元的持续贬值，时任财政部副部长的沃尔克提出要关闭黄金兑换窗口时，伯恩斯显然是持反对意见的。在他看来，关闭黄金兑换窗口存在巨大的风险。

首先是政治风险。关闭黄金兑换窗口无疑是"打自己的脸"，承认政治制度的失败。

其次是经济风险。世界贸易将受到打击，其他国家会采取报复性的经济政策和措施。

伯恩斯说的不是没有道理，其实也是沃尔克之前信仰固定汇率的理由。但这个时候，沃尔克认为，形势比人强，是时候作出改变了。

当然，即便他们"关系并不好"，但他们彼此也清楚，他们只不过是政见不同罢了。在货币政策方面，针对某些具体的问题，不同的经济学家给出完全相反的意见，并不是什么奇怪的事情。但即便如此，沃尔克还是觉得自己没考虑清楚。所以，他一开始拒绝了伯恩斯的提议。他的理由是，他需要去华尔街赚钱，他的家庭很缺钱。

他甚至拿他的妻子芭芭拉当挡箭牌，说她应该不会同意自己去美联储这样的"清水衙门"任职。但伯恩斯仍然"不依不饶"，非常肯定地告诉沃尔克，他是一块干公职的料，如果去了别的地方一定会后悔。

沃尔克没有马上答复，而是跟朋友去加拿大钓鱼了。钓鱼可能是沃尔克为数不多的爱好之一。在他看来，钓鱼所需要的耐心和果断跟他所从事职业的要求是相符的：

"你需要很守纪律、很精确，聚精会神的程度令人难以想象。当鱼上钩的一刹那，你只有千分之一秒的时间出击，否则鱼就逃之夭夭了。你要与它较量，直到它精疲力竭。"

两个星期之后，他拨通了伯恩斯办公室的电话，表示接受伯恩斯提供的纽联储行长一职。

沃尔克艰难而辉煌的联储职业生涯即将开启。

二

1979年7月15日，时任美国总统的吉米·卡特，在美国总统办公室的幕布前，向全体美国人民就能源和国家目标发表30

分钟的演讲，题目为"信任危机"，这篇演讲稿后来也被称为"一蹶不振"，闻名于世。

卡特对自身的问题和缺点，进行了深刻的自我反省和批评。但是，就像他的前任福特一样，他对当前的通货膨胀也是束手无策。除了通货膨胀率居高不下之外，利率和失业率也高得可怕。他深刻感受到了福特总统当年所承受的压力。

那时候，福特总统出席公开活动的时候总是在衣服的翻领上别一个徽章，上面写着3个大写字母"WIN"。福特在演讲中解释道：WIN代表的是"立即制止通货膨胀"（Whip Inflation Now的首字母缩写），作为单词也是胜利的意思，寓意美国人民终将赢得对高通胀的胜利。

卡特不想重蹈前任的覆辙，觉得自己该作出重大改变。否则，他也会像福特一样，很快被迫离开首都华盛顿。演讲结束后不久，卡特就宣布改组内阁，要求整个内阁13名成员全部辞职。很显然，其中包括时任财政部部长的沃纳·迈克尔·布鲁门特尔。

为了填补财政部长的空缺，他将当时的美联储主席威廉·米勒顶了上去。这样一来，美联储主席的位置就空出来了。这时候，有人向卡特推荐沃尔克。但卡特之前并没有和沃尔克打过交道，于是，他问道："谁是保罗·沃尔克？"

几天之后，沃尔克受邀到白宫会见总统卡特。

在整个会见的过程中，沃尔克滔滔不绝地陈述他的执政思路，坐在椅子上的卡特一句话都没说。所以，当沃尔克乘坐当晚的飞机飞回纽约后，他跟他的朋友抱怨说，卡特总统是不会把这个职位给他的，因为总统对他似乎并不满意。不过，他也自我安慰了一番：不做美联储主席也挺好，否则，自己的薪水要少一半。

是的，美联储主席的薪水，要比纽联储行长的薪水少一半。当初，伯恩斯怂恿他担任纽联储行长的时候，就用到了"纽联储行长薪资比美联储主席高一倍"这一招。在他和妻子芭芭拉看来，在损失一半的钱的前提下，还去承担更大的责任，这笔买卖怎么看都不像是好买卖。

不过，人在江湖，身不由己。第二天一早，白宫的电话就打来了。总统卡特祝贺他成为新一任美联储主席。

三

1979年石油危机[①]的爆发，导致美国通胀进一步恶化。

沃尔克上任一个星期后，就以主席的身份召开了第一次联邦公开市场委员会会议。这次的会议他并不急于拿出什么重大举措，而是想试探委员们对他政策理念的看法。

9月18日，他又召开了第二次联邦公开市场委员会会议。在这次会议中，沃尔克决定，将贴现率提升0.5个百分点，达到11%的历史最高值。结果，这个加息方案获得了通过。

---

① 又称"第二次石油危机"，第一次石油危机发生在1973年。

但是，通胀急剧上升的势头，并没有得到明显的遏制。

沃尔克只能持续加码，不断提高联邦基金利率。即便是在1980年第三季度，即在临近总统大选之前的几周，沃尔克仍然不断采取紧缩的货币政策，将联邦基金利率从11%提高到14%。过度紧缩会导致经济衰退，沃尔克不会不知道。但是，要战胜通胀这头猛兽，沃尔克已经别无选择。更要命的是，持续的紧缩政策，在某种程度上，还是总统卡特寻求连任失败的因素之一。

但是，沃尔克顶住了压力，践行了他当年在白宫会见卡特总统时所夸下的海口：重视美联储的独立性，并采取比上一任美联储主席更严格的紧缩政策。

1981年1月，新上任的里根总统在财政部设宴招待沃尔克。里根突然问沃尔克："有人建议我撤销美联储，你怎么看？"里根说的是实情。当时，很多经济学家建议里根撤销美联储，比如鼎鼎大名的米尔顿·弗里德曼。

在他们看来，除了持续加息将美国经济推向衰退的边缘之外，美联储无所作为。米尔顿·弗里德曼甚至戏谑道，用一台计算机来替代美联储，可能对美国更有利。

从当时的情况来看，除了持续上调贴现率和联邦基金利率之外，美联储似乎并没有发挥它的作用。1980年12月，美联储理事会将贴现率提高到13%，公开市场委员会将联邦基金利率提升至20%以上。媒体看热闹也不嫌事大，惊呼：沃尔克的美联储在公开放高利贷。

沃尔克有些沮丧，他作为美联储主席，面对疯狂的通货膨胀竟然无能为力。但他还是振作了精神，不紧不慢地说道："总统先生，现在外界确实有一些担忧，但我相信您能说服他们，让他们知道我们美联储运作得还不错。您也知道，无论如何，我们美联储是华盛顿唯一在与通胀抗争的机构。"

持续的货币紧缩对实体经济的冲击是显而易见的。

1982年，美国汽车行业的整体销售额下降到了20年来的最低点。企业高管和农场主们怨声载道。就在这一年，田纳西州的《专业建筑商》杂志在封面刊登了对沃尔克和他同事的"通缉令"，控诉他们"冷血残杀了数百万小企业""劫持了房产主的美国梦"。而政府内部，以财政部长唐纳德·里甘为代表的一帮官员，也对沃尔克的政策发出了强大的反对声浪。

幸运的是，时任总统里根对沃尔克的政策表现出足够的信任，对沃尔克坚持独立的态度也给予了充分的尊重。沃尔克的坚持和总统里根的信任，终于得到了回报。

1982年底，通胀终于得到了控制。大量资本进入美国资本市场，美股长达17年的大牛市正式开启。

四

1987年6月，沃尔克向里根总统提交了辞职报告。他认为自己已经完成了使命，是时候离开了。里根总统对沃尔克极尽挽留，深表遗憾，并对沃尔克抗击通胀的成就给予了极高的评价。

在卸任美联储主席后，沃尔克在政策界仍然具有深远的影响力。

2009—2011年，沃尔克曾担任奥巴马政府的经济复苏顾问委员会主席。他提出了一系列禁止银行及其附属机构从事自营交易和其他投机性交易活动的提议，即大家所熟知的"沃尔克规则"。这成为改革美国金融监管体系的《多德-弗兰克法案》的核心条款。

近年来，沃尔克不断强调公共治理的重要性，并表达了对美国政治当下公共管理"去专业化"的担忧。在2018年出版的回忆录《坚定不移：稳健的货币与好的政府》（*Keeping at It: The Quest for Sound Money and Good Government*）中，沃尔克批评美国正面临有效治理"崩溃"危机。他在书中回忆起当初自己力挽狂澜控制通胀的故事，呼吁各国央行抵制宽松货币的诱惑。

其实，早在2010年2月，在美国参议院举行的金融监管法案中"沃尔克规则"听证会上，沃尔克就曾对宽松货币政策表现出强烈的不满。当有议员质疑他提议加强金融监管的法规是过时之举时，83岁的沃尔克奋起反击，他警告道：

"我在此想明确地告诉你，如果银行机构仍靠纳税人的钱提供保护，继续随意投机的话，危机还是会发生的。我老了，恐怕活不到危机卷土重来的那一天，但我的灵魂会回来缠住你们不放！"

如此振聋发聩之音，这种魄力，让人想起了说出"反腐败就是要先打虎后打狼，对老虎决不姑息手软；我这里准备了100口棺材，99口留给贪官，一口留给我自己"的另一位政治家。

五

沃尔克于1927年9月5日出生于美国新泽西州南部的海滨城市——开普梅。在他两岁的时候，美国爆发了金融危机和经济大萧条。

他毕业于普林斯顿大学经济系，并于1951年在哈佛大学获得硕士学位。沃尔克的父亲是新泽西州郊区的一位行政官员。他一生清廉勤勉，在他的领导下，所在地区免遭了金融危机和经济大萧条的冲击。

有一种说法，智商来自母亲，性格来自父亲。

沃克尔确实继承了父亲身上坚毅和正直的性格特质，以及献身自己、服务国家的意志和决心。沃尔克从进入公众服务行业起，身跨了三个时代，即尼克松时代、卡特时代以及里根时代。他将大部分青春献身给了美国金融监管机构。

2019年12月8日，保罗·沃尔克逝世，享年92岁。

诺贝尔经济学奖获得者、著名经济学家罗伯特·索洛[①]赞誉

---

① 罗伯特·索洛的"索洛增长模型"为人们理解经济增长的概念奠定了基础。该增长模型得出的最著名的结果是索洛余值。它指的是经济增长中无法解释的部分，而这部分增长并不能归因于劳动力和资本等要素投入的增加，比如技术进步。

他为"美国历史上最伟大的美联储主席"。

◇ 投资人视角

2022年,为了抑制高企的通货膨胀水平,鲍威尔治下的美联储全年开展了6次加息。持续的加息,也导致了全球资本市场的动荡。

在2023年1月的一次演讲中,鲍威尔特别强调要保持美联储的独立性,即美联储在采取必要措施时,不会考虑短期的政治因素。这让我们想起保罗·沃尔克。沃尔克坚持的政策独立性,让他战胜了恶性通胀,也导致了卡特寻求连任的失败。

事非经过不知难。坚持独立思考,择善固执,并没有想象中那么容易。

作为投资人,这几年我们既经历了教培行业的整改、网络游戏行业的防沉迷、防止资本的无序扩张、医药行业的大范围集采等,也经受了2021—2022年连续两年的基金净值下跌。说不焦虑,那是不可能的。但我们也很欣慰地看到了自身的成长:在面对压力的时候,能从容去应对;在至暗时刻,能保持内心平静和动作不变形。

而这些,其实都得益于自身的独立思考和判断能力。

比如,在互联网头部企业从700多港元跌到不足200港元的过程中,人们对该企业的看法变得极其悲观,有不少人在绝望中抛出了手中的股票。如果从企业需求侧来看,确实存在一堆的问题。比如，游戏防沉迷意味着未成年消费群体的减少，防止资本无序扩张意味着该公司的投资业务会受到冲击，新冠疫情对该公司广告业务的负面影响是显而易见的。

我们并不否认以上事实的存在。在我们看来，也正是这些因素的存在，才导致了公司股价的大幅波动。但我们更习惯于从供给侧的角度出发，用更长远的眼光看问题。

经过全面的分析和研究后，我们认为，尽管该公司短期经营碰到了一些困难（这些困难在股价上已经反应过度了），但它在行业的核心竞争力并没有被削弱。

一旦经济有所好转或政策环境有所缓和，股价重拾升势就是大概率事件。于是，在股价的持续回调中，我们不但一股没卖，还持续进行加仓，且加到基金合同允许的上限。

之后，在短短两个多月的时间里，该公司的股价涨幅将近翻倍。

主要参考资料：

保罗·沃尔克，克里斯蒂娜·哈珀. 坚定不移[M]. 徐忠，等译. 北京：中信出版集团，2019.

痴迷研究大萧条的美联储主席：本·伯南克

他没有官僚家庭背景，更没有雄厚的商业资本支撑，却荣登美联储主席之位。他热衷学术研究，人生中大部分时间在"象牙塔"度过。他著述颇丰，对大萧条的研究近乎痴迷。他在金融危机中临危不惧，果敢的举措抑制了危机的进一步蔓延，也留下了一些质疑声。他就是新晋诺贝尔经济学奖获得者——本·伯南克。

2022年10月10日，诺贝尔经济学奖得主揭晓。瑞典皇家科学院诺贝尔评审委员会决定将该奖项授予美联储前主席本·伯南克、芝加哥大学教授道格拉斯·戴蒙德和圣路易斯华盛顿大学教授菲利普·迪布维格三位经济学家，以表彰他们对银行和金融危机的研究。三人将平分1000万瑞典克朗（约630万元）的奖金。

瑞典皇家科学院诺贝尔评审委员会在声明中表示："他们的发现改善了社会应对金融危机的方式。"诺贝尔经济学奖评审委员会主席艾琳森表示："获奖者的见解，提高了我们避免严重危机和昂贵救助的能力。"

三位诺贝尔经济学奖获得者中,伯南克无疑是最令人瞩目的那一位。

在得知自己获得诺贝尔奖后,伯南克表示,他非常荣幸。坦白讲,命运之神确实对他不薄,幸运一直眷顾于他。

一

1953年12月13日,伯南克出生于美国佐治亚州的奥古斯塔。奥古斯塔是佐治亚州第三大城市,也是该州第二古老的城市,因每年举办高尔夫球大师锦标赛而享有盛誉。

伯南克在南卡罗来纳州一个名叫狄龙的小村子长大。伯南克的父亲菲利普是一名职业药剂师,母亲是一名教师。菲利普夫妇生育了三个儿女,伯南克在家中排行老大。伯南克父母亲名下有一家不大不小的药店,那是他爷爷乔纳斯留下来的。

20世纪30年代,乔纳斯在纽约经营多家药店。但受大萧条的影响,乔纳斯带着妻儿逃离了纽约,来到狄龙这个地方讨生活。在伯南克的回忆中,因为药店的生意还不错,所以大人总是希望他能到店里来帮忙。但喜欢看书的伯南克,往往会在店里的漫画书架旁止步不前。

天赋是一个很神奇的东西。在这个世界上,有些人就是天赋异禀,比如微积分的发明者莱布尼茨,他的研究领域几乎遍及所有学科,可以说是无所不通、无所不晓。法国启蒙思想家德尼·狄德罗曾沮丧地表示，每当想与莱布尼茨的天赋一较高下之时，自己就恨不得跑到一个谁也找不到的地方安静地死去。

本文的主人公伯南克是一个很有天赋的人。

从孩提时代开始，伯南克就展现了过人的聪慧。小学六年级时，他参加了一个全国性的拼字比赛，一举夺得了南卡罗来纳州的冠军——事实上，如果不是在一个单词中多拼了一个字母，他就是当年全美的冠军。

高中时代，伯南克不仅自学了微积分，还成了当年加州SAT[①]年度最高分获得者。17岁时，伯南克顺利考入哈佛大学，且入学考试成绩达到1590分——离满分仅有10分之差。

在高手如云的哈佛校园，伯南克的经济学成绩总是排名第一。就学生时代的经济学造诣方面，他比他的前辈凯恩斯强太多了。凯恩斯当年在剑桥追随著名经济学家阿尔弗雷德·马歇尔学习经济学的时候，并没有拿到经济学的学位。之后在报考英国公务员的时候，经济学也是他失分较多的学科之一。

1975年，伯南克以经济学系最优等成绩从哈佛大学毕业，直接跳过硕士学习阶段，进入麻省理工学院攻读经济学博士学位。在麻省理工攻博的四年中，除了棒球[②]，伯南克最感兴趣的就是对美国20世纪30年代金融危机和大萧条的研究。

[①] SAT：由美国大学理事会主办的一项标准化的、以笔试形式进行的高中毕业生学术能力水平考试。

[②] 学生时代的伯南克最喜欢的棒球队是波士顿红袜队。

正如伯南克自己所言："我相信自己是大萧条的痴迷者，就像有些人热衷于研究美国内战一样。"不得不说，伯南克对大萧条的痴迷，一方面可能是他爷爷在大萧条期间的经历对他产生的影响，另一方面是博士求学阶段的经历。

二

伯南克的博士生导师是斯坦利·费希尔。费希尔是全球最知名的经济学家之一，也是新凯恩斯主义经济学理论的奠基人之一。他担任过以色列央行行长和美联储副主席。

伯南克刚开始在麻省理工经济系攻读博士学位的时候，和导师费希尔讨论博士论文题目。费希尔建议他先去读弗里德曼和施瓦茨的著作《美国货币史：1867—1960》，看他对这本书的反应再确定选题。

后来伯南克回忆道："读过弗里德曼和施瓦茨的《美国货币史：1867—1960》后，我对大萧条的问题着迷了，就好像那些研究南北战争的爱好者一样，我不仅找到所有关于那段时间经济的书和资料来读，还看政治、社会、历史方面的。"

1979年，伯南克获得了博士学位。此后，他进入了斯坦福大学担任助理教授，并于1983年升为副教授。其间，伯南克发表了一篇有关大萧条的重要论文。在这篇论文中，伯南克认为，相比货币供给的下降，金融系统的失灵是造成大萧条更本质的原因。

之后，伯南克跳槽到普林斯顿大学担任教授。在那里，他和自己的合作者一起完成了很多重要文章,其中就包括著名的BGG模型[①]。1996年,伯南克担任普林斯顿大学的经济系主任。任职期间,伯南克礼贤下士,招来了很多优秀的经济学家,充实了经济系的科研和教学实力。

若将人生划分成几个阶段,伯南克的人生各阶段可谓泾渭分明。

第一阶段是在2002年以前。这一阶段最为漫长,将近50年时间。如果将博士毕业当作一条分界线,从博士毕业之后在高校执教算起,伯南克大概有二十年的时间一直在高校求学、教学和著书立说。

在普林斯顿大学任经济系主任期间,伯南克的学术成就已为世人所瞩目。他在学术界的卓越成就,让他深受学生的喜爱,很多经济学人才也因此选择这所大学进修。

第二阶段是2002—2014年历任美联储理事、主席的政坛生涯。他坚持将学术理论付诸实践,在争议与压力中主导美国货币政策。他是第一位实施接近零基准利率的央行主席,成功带领美国度过大萧条以来最恶劣的经济危机,因此荣登美国《时代》周刊2009年度人物,并被公认为"大萧条的权威专家"。在他即将卸任时,美国多项经济数据显示经济增长动力正在加强,就业市场趋于稳固,积极的货币政策推动美国的复苏速度超过其他工业国家。

---

① BGG模型:1996年,伯南克等人将金融加速器机制引入新凯恩斯标准动态模型,提出了BGG模型,1999年正式定名。

第三阶段是2014年至今。伯南克卸甲挂印离开美联储，回归他熟悉的学术界，加盟布鲁金斯学会，成为一名参与经济研究、重点关注大萧条和经济复苏政策的访问学者，也是两家基金公司的顾问。

他不断反思那场惊心动魄、旷日持久的危机与救治行动，继续著书立说，为2007—2009年美国经济大衰退及其后果作出最终的结论，并继续以一个学者的身份为美联储和世界经济提供观点与政策参考。

三

2006年1月31日，有"经济沙皇""美元总统"之称的艾伦·格林斯潘卸任美联储主席，本·伯南克接任，成为第十四任美联储主席。

和他的前任即富有传奇色彩的格林斯潘一样，伯南克的性格也有些内向和腼腆，不爱抛头露面。在8年美联储主席的职业生涯中，他当众演讲的次数并不多。

但他也有不失幽默的一面。

有一次，时任总统小布什曾嘲笑来白宫开会的伯南克穿黑西装配棕色袜子。结果第二天的会议，伯南克提前来到会议室，向与会者每人都发了一双棕色袜子并请大家换上，等小布什到的时候发现每个人都统一地穿了棕色袜子。

伯南克的前任格林斯潘是一个推崇自由放任的经济学家。这位老先生有一句名言：泡沫只有在破灭了之后，才知道是泡沫。

在格林斯潘掌舵美联储时期，美联储一直采用低利率政策刺激经济。这一政策的出台，既催生了房地产市场巨大的泡沫，也推动了次级抵押贷款市场的迅速发展。与此同时，格林斯潘治下的美联储对衍生品市场的各种创新也少有监管。

在这样的背景下，金融机构将蕴含巨大风险的次级贷款打包成各种金融产品进行出售。于是，产生于次贷市场的风险弥漫整个经济和金融系统。

几乎就在伯南克接棒格林斯潘的同时，美国金融市场的"弹药库"已经被点燃了。从2006年春季开始，市场预期改变，房地产价格开始下降，出现次贷违约现象。

本来，这只不过是一个小火苗，市场自身的调节很快就能把它掐灭。不过，在各种衍生品、金融杠杆的助推之下，这个小火苗却逐步变成了燎原大火。

到了2007年，次贷危机已经波及全世界，欧美股市全线暴跌，大批金融机构出现巨大亏损，甚至有一些机构濒临倒闭。虽然所有的祸根是在格林斯潘的任期内埋下的，但很不幸，伯南克成了"接盘侠"。

尽管伯南克这个"危机大师"脑子里一直绷着"危机"这根弦，也一直防备着危机，但遗憾的是，他并没有预料到危机发生的确切方向。这当然不能怪他，事实上，在他接受的经济学训练中，金融只在宏观经济中扮演了一个非常不起眼的角色。

在进入美联储之前，伯南克从未有过金融机构的工作经历。他不是没有经历过金融危机，比如，20世纪70年代以及1987年的股市大恐慌，影响还是非常深远的，但那时候的他只是一个旁观者，跟置身市场洪流的人相比，那是完全不一样的感受。

在真实世界，金融创新的发展，尤其是金融衍生品的复杂程度远远超出了象牙塔内那些学者的想象，凭借标准的经济学训练，即使能够预感到危机，也难以找到危机的位置。

幸运的是，经济学训练虽然没有让伯南克做到先知先觉、防患未然，却足以让他在危机发生的时候不至于惊慌失措。

面对金融市场的全线告急、流动性的迅速枯竭，他很快认识到，其实整个市场的金融风险集中在几家关键的金融中介机构身上，正是它们的告急导致了恐慌和挤兑。

因此，要想拯救整个金融市场，就必须给这些金融机构提供流动性，以保证它们能够在危机中挺住。在这种信念下，他说服并带领美联储人员，制订并实施了一系列对关键机构的救助方案。

从后来的发展看，这些救助计划对于稳住金融市场、遏制金融风险的蔓延是十分重要的。

然而，这些金融措施虽然帮助金融市场度过了危机，却把伯南克本人推到了风口浪尖。伯南克的方案是针对关键金融机构的，但这个方案让他里外不是人。主张强干预的人认为，伯南克这种做法太过于畏首畏尾，使得危机难以被迅速遏制。而主张自由放任的人则认为，伯南克主张援助那些贪婪的大型金融机构完全是对市场的扭曲，这种做法很可能在未来助长道德风险。

还有人质疑伯南克所谓"关键金融机构"一说，认为那不过是区别对待的托词。比如，在美林集团、雷曼兄弟和贝尔斯登三大巨头都申请破产后，美联储对其中两家选择出手相助，唯独对雷曼兄弟见死不救，坐视这个有着150多年历史的国际大投行在历史舞台上灰飞烟灭。

在伯南克的著作《行动的勇气》中，我们可以发现，他在制订这些救助方案时，心里也充满了挣扎。作为一名学者，他信仰自由市场，痛恨那些利用市场牟利的金融寡头。但在当时的环境下，他不得不去拯救那些自作自受的金融寡头。

但无论如何，他的方案和策略还是起作用了。不久之后，金融市场上的混乱基本结束了。第44任美国总统奥巴马曾称赞他让美国经济避免了另一次大萧条。

但是，伯南克并没有因此而感到轻松。危机过后，接下来要做的就是经济复苏。

按市场主流的观点，实行宽松的货币政策，保持一个较高的通胀率，是实现经济复苏和就业恢复的不二法门。持这种观点的经济学家和官员不在少数，比如，当时的美联储副主席珍妮特·耶伦[①]、芝加哥联储主席查尔斯·伊文思、纽约联储主席威

---

① 珍妮特·耶伦接任伯南克担任美联储主席，并在拜登政府担任财政部长，是美联储首位女性掌门人和美国历史上首位女性财政部长。

廉·达德利等。

不过,作为一名优秀的货币经济学家,伯南克对这种激进的方案却很犹豫。他当然知道,宽松的货币政策更利于增长,但他也深知,通胀就像毒品,一旦用上了就很难停下来,而高通胀对经济的伤害是致命的。在综合考虑经济增长和物价稳定这两个目标之后,伯南克选择了一个折中的方案,即通过量化宽松,把通胀维持在一个相对温和的位置。

显然,这个方案又遭受了许多责难。

干预派指责这个方案过于谨小慎微了。比如,伯南克的前同事,那位由他亲自招入普林斯顿的保罗·克鲁格曼就公开批判伯南克治下的美联储展现出"可耻"的消极态度,而伯南克则被其斥为"软骨头"。

自由放任的支持者则批评伯南克用货币政策扭曲了经济的自我调节。例如,经济史学者艾伦·梅尔泽就认为当时困扰美国的高失业率并不是货币问题,伯南克试图用货币政策去调节经济其实是在做超出能力范围的事。

2010年,伯南克任美联储主席满一届,在参议院审议其连任申请时,得票率是70∶30,而格林斯潘在上一次连任时,得票率则是89∶4。两相对比,就可以看到这位帮助美国度过了最困难时刻的英雄到底承受了多少争议。

在第二个任期,伯南克的主要任务依然是在"控通胀"和"促经济"两个目标之间寻求平衡。

一方面，他小心翼翼地制定量化宽松政策；另一方面，他仔细地评估经济状况，以求在合适的时候结束量化宽松。

然而，伯南克并没有在自己的任期内结束量化宽松。2014年1月，伯南克任满，在两个目标之间"走钢丝"的任务从此甩给了他的继任者耶伦。值得庆幸的是，在伯南克卸任前，美国经济状况已经出现了明显好转，社会对他的评价也开始改善。

路透社曾在2013年底对金融分析师进行了一次调查，让他们给伯南克的任职表现打分，结果显示，在10分的总分中，分析师们打出了平均分为8分的高分。

四

当伯南克从美联储主席的位置退下后，他终于可以回归学术界，以一个旁观者的角度来观察美联储、观察经济了。他选择加入美国著名的智库布鲁金斯学会，出任该学会的杰出研究员。有趣的是，他为自己选择的研究课题是"从大萧条中促进经济强劲复苏"。

在学术研究方面，伯南克对经济学最大的贡献有两个：一个是对20世纪二三十年代美国大萧条的经济史研究，另一个是对"金融加速器"的理论探讨。

这里只说说他对美国大萧条的经济史研究。

1929年10月，美国资本市场出现骇人的暴跌，至1932年，道琼斯工业指数累计跌幅将近90%。资本市场的暴跌传导至实体经济,导致失业率急剧上升。

关于大萧条产生的根源,有很多的解释。比如著名经济学家凯恩斯就认为,萧条主要源于有效需求不足。而货币主义者则认为,萧条源于金融机构流动性的枯竭。

伯南克承认,无论是凯恩斯还是货币主义者的观点,都有一定的道理。但是,导致有效需求不足和金融机构流动性枯竭的最本质原因又是什么呢?

伯南克认为,金融危机导致以银行为代表的金融机构陷入恐慌,使得银行系统的信贷中介作用收缩,由此提高了银行信贷中介成本(CCI),而CCI的上升意味着银行会向借款人收取更高的利率,从而导致总需求的降低。

伯南克把金融机构流动性枯竭的根本原因归结为当时的金本位制度。金本位,顾名思义,就是以黄金为本位币的货币制度。通俗一点来说,就是每个国家的货币和黄金之间有固定的兑换比例,即国家储备了多少黄金就发行多少货币。在伯南克看来,20世纪30年代的黄金盈余国对黄金的流入进行了冲销,从而导致货币紧缩。而这种货币紧缩,又通过金本位制度传导至全世界。

伯南克是第一个获得诺贝尔经济学奖的美联储主席,他的人生经历,应该算是平头百姓实现"美国梦"的又一范本。

◇ 投资人视角

如果说巴菲特和芒格是当代人类仅凭智慧取得成功的典范,

那么伯南克无疑是平头百姓实现自我超越的范本。

伯南克对大萧条的研究既专注又深入，也正是得益于他对金融危机和大萧条的长期关注，才让他在真正面对危机时游刃有余。从投资的角度来说，这其实就是巴菲特"能力圈"的概念。

冰冻三尺，非一日之寒。能力圈的形成绝非一时之功，它是一个人在自己感兴趣的领域长期专注和深入的结果。

伯南克从博士求学阶段就潜心于大萧条的研究，哪怕卸任美联储主席之后，他对大萧条的痴迷也没有任何的消退。

他用一生的时间在诠释"卓越"二字，从求学到教书育人，再到担任美联储主席一职，无不如此。

认真和自律才有可能保持专注，才会形成自己的能力圈。所以，诺贝尔经济学奖可能是对伯南克专注力的最好奖赏。

能力圈原则要求我们对自己和知识保持足够的诚实，因为自己是最好骗的。

正所谓，知之为知之，不知为不知。

我们经常说，如果回归投资的本源，真正做到从生意和实业的角度对待投资，那么，我们必然觉得，自己不懂的东西太多，真正懂的东西太少。

比如，有些生意，我们就是搞不懂，虽然它可能很赚钱，但你不懂，贸然去参与，风险也是很大的；有时候，我们觉得自己搞懂了的生意，最后也有可能证明，自己并不是真懂；有些生意，如果觉得自己不懂，那大概率是真的不懂。

不过，就像巴菲特说的那样，知道自己能力圈边界在哪里的人，会比能力圈大几倍的人富有得多。

所以，一个投资人的能力圈边界不一定要很大（但不能以此为借口不去拓展能力圈），也不一定要懂很多，但在自己懂的领域比他人更懂，就能赚到足够多的钱。

主要参考资料：

本·伯南克.行动的勇气[M].蒋宗强，译.北京：中信出版集团，2016.

企业家篇
浪花淘尽英雄

企业家篇
浪花淘尽英雄

从商业角度来说,企业家是将资本转化为机器、厂房、商品和利润的主导者。他们是社会财富的创造者。从伦理角度来说,有人唯利是图,恨不得榨取最后一个铜板;也有人在获得商业上的成功之后,积极地回馈社会。

前者恐怕很难称为企业家,至多就是一个商人或生意人。经济学家梁小民先生曾言,成功企业家的素质固然包括胆识、眼光、勤奋与果断,但这些还不是最基本的,比这些更重要的是为人处世的准则。

本篇的企业家们都在商业领域取得了举世瞩目的成功。除比尔·盖茨之外,他们的人生起点也许并不高,但都凭借自己的能力和时代赋予的机遇,在商业上证明了自己。他们对成功的不懈追求,以及在奋斗中所付出的艰辛也令人动容。

他们积极地回报社会,甚至有些人把慈善看得比生意还重要。比如陈嘉庚和比尔·盖茨,对成功的不懈追求,对社会的积极回报,是他们的共同特点。

这可能有些超出普通民众的认知了。因为在大部分人看来，追求利润是企业家的唯一目标，普通民众根本无法理解，企业家竟然还有在利润之上的追求。

作为旁观者或非利益相关人，很多问题根本看不清楚。无论在哪个社会，也无论在哪个历史阶段，成功的企业家都是凤毛麟角。他们是"幸存者"。他们风光的背后，是筚路蓝缕。他们前行的路上，两旁堆满了同行们倒下的"尸体"。他们经受了巨大的煎熬，付出了极大的成本。他们是"小概率事件"的幸运儿。

对一个国家或经济体而言，保持政策的稳定性、透明性和一致性，给予企业家信心，弘扬企业家精神，是推动经济持续高质量发展的关键。作为投资人，我们希望这个社会能给予企业家更多的尊重，也希望企业家们拥有一个能展现自己能力和才华的更好的舞台。

企业家篇
浪花淘尽英雄

"南洋巨富"的报国情怀：陈嘉庚

他是"南洋巨富"，是南洋华商的领袖。他热衷慈善，兴办教育，支持抗日，反对内战，拳拳赤子之心，殷殷桑梓之情。他生活俭朴，崇尚节俭。他就是被毛泽东誉为"华侨旗帜、民族光辉"的陈嘉庚。

1961年8月20日下午，中国东南沿海城市厦门，时值盛夏，骄阳似火。

在气温接近40摄氏度的厦门集美车站广场上，四面八方的人群像潮水一样涌向车站出口处。他们神情肃穆，很多人已是满头大汗，衣服已被汗水浸透，但他们仍然默默地坚持着。整个广场静悄悄的，他们怀着虔诚的心在等待一列运送灵柩的专车的到来。下午3时许，运送灵柩的专车抵达集美站，灵柩被搬下车，移送至车站附近的停放处，随后就被送到集美学村东南角的鳌园隆重安葬。

就在8天前[①]，在首都北京，一位87岁的老人与世长辞。

这位老人临终时留下了三条遗言，其中一条，就是希望能将自己带回厦门集美安葬。他逝世三天后，首都各界人士为他举行了公祭大会，周恩来总理任治丧委员会主任、主祭人。隆重的葬礼上，老人的灵柩覆着国旗，朱德与周恩来领先执绋。葬礼毕，老人的灵柩被送往北京火车站，由运灵专列载往福建。

病逝的老人名叫陈嘉庚，一个成功的企业家，一名优秀的教育家，一位伟大的爱国者。

一

1874年10月，陈嘉庚出生于福建泉州府同安县集美社，原名陈甲庚，字科次。集美社今属福建厦门，在当时是出了名的侨乡。

对近代史略有了解的人应该知道，中国近代由于战乱和灾荒，内地人口开始大规模向外迁移，出现了三次人口迁移运动，即闯关东、走西口和下南洋。

南洋，是明、清时期国人对东南亚一带的称呼，是以中国为中心的一个概念。南洋包括马来群岛、印度尼西亚群岛、菲律宾群岛，也包括中南半岛沿海和马来半岛等地。清朝时期，南洋也指自江苏以南的沿海诸地（江苏以北沿海称"北洋"）。明末、

---

① 即1961年8月12日。

清朝和民国时期,中国人去东南亚经商、打工,乃至迁徙东南亚,规模巨大。下南洋的流民来自全国大部分省份,但福建、广东人占据绝大多数。

在浩浩荡荡的南下大军中,就包括陈嘉庚的父亲陈杞柏。

19世纪70年代,陈杞柏就在新加坡创立了"顺安米号",他长袖善舞、多元经营,兼营房地产、种植业,并开设了黄梨厂,其制成品还外销欧美各国。1900年前后是陈杞柏事业的顶峰,他在事业上的成功为陈嘉庚后来独自创业提供了重要的支撑和条件。

1882年,陈嘉庚入读南轩私塾,跟着先生学习四书五经。1891年,17岁的陈嘉庚南渡新加坡,帮助父亲打理"顺安米号"。有些人赚钱,其动机纯粹是改善家人的生活。但对有家国情怀的陈嘉庚来说,他经商还有一个重要目的,就是赚钱搞教育。

在《南侨回忆录》一书中,陈嘉庚写道:"在洋就商之后,对学问事不知求益,抱憾不少。而生平志趣,自廿岁时,对乡党祠堂私塾及社会义务诸事,颇具热心,出乎生性之自然,绝非被动勉强者。"

搞教育这件事情,自他刚刚成年就付诸行动了。1893年,陈嘉庚归国完婚,他与家人商量,要将父亲给他成亲用的以及家中省下的钱,一共2000银圆,全部用来创办私塾。陈嘉庚的这个想法,得到了家人的大力赞成,惕斋学塾于一年后成功创办。

1904年，陈嘉庚30岁的时候，父亲陈杞柏破产了。按照当时的新加坡法律，只要企业宣布破产了，债务也就不用还了。但以信誉为重的陈嘉庚认为，欠债还钱，天经地义。他下定决心，执意要把父亲欠下的债务还清。十几年后，陈嘉庚连本带利还清了父亲欠下的巨额债务，此事也成为新加坡华人商界的一大佳话。

陈嘉庚凭借着精明的头脑和一诺千金的诚信商誉，不但让米店起死回生，他创设的菠萝罐头厂也很快红火，所产的菠萝罐头，迅速占到全埠50%以上市场份额。

东南亚一带盛产橡胶，陈嘉庚敏锐地察觉其中有巨大的发展潜力，于1906年进军橡胶业。从橡胶加工做起，一步一步发展，陈嘉庚最终建起占地一万多英亩的橡胶园，成了名副其实的"橡胶大王"。

至1925年，陈嘉庚拥有菠萝厂、米厂、冰糖厂、橡胶厂、饼干厂等30多家工厂，超过150家分店，雇用职工超过3.2万人，全部实有资产为1200多万新元，成为东南亚地区最大的实业家，实打实的"南洋巨富"。

二

致富后的陈嘉庚，首先想到的是办教育。这个想法和念头，比他年轻的时候要强烈百倍。

他曾说，国家之富强，全在于国民，国民之发展，全在于教育，教育是立国之本。于是，在惕斋学塾的基础上，陈嘉庚先后创办了集美小学、幼稚园、集美中学、集美师范学校，并设立科学馆、图案馆、医院等，统称为"集美学校"。除此之外，陈嘉庚还资助福建各地中小学70多所，并提供办学方面的指导。孙中山先生曾批准承认集美为中国永久和平学村。"集美学村"之名，就是由此而来的。1919年，陈嘉庚捐出290多公顷的橡胶园、9.2万多平方米的房地产，作为集美学校的永久基金。

五四运动的爆发，让陈嘉庚意识到，福建还未有一所大学，这不利于培养人才。于是，他决定筹建厦门大学，并亲自勘定校址。筹建一所大学的花费是一笔天文数字。那时候的陈嘉庚，所存资产仅400万元，他拿出其中100万元作为开办费，将剩下的300万元作为未来12年的"常年费[①]"。

1923年，陈嘉庚又作了一个决定，将自己在新加坡的大成橡胶园与陈嘉庚公司股本的三分之一，都拨作厦门大学的基金。大学作为一个非营利机构，独立办学的财务压力可想而知。

1926年之后，由于受到荷兰、日本橡胶制品倾销的冲击，加上深受1929年国际经济危机的影响，陈嘉庚的资产损失过半，财力大不如前。尽管如此，陈嘉庚仍然掷地有声地说道："宁可变卖大厦，也要支持厦大！"他相继变卖了房产，出让了许多厂房、地产，坚持每个月足额给厦大寄出经费。

1934年，陈嘉庚60岁，他的公司宣告收盘停业。实际上，凭

---

① 经费的一种，一般与"特别费"或"专项费"相对应。

他的经济头脑，若不是将绝大部分的资产用来办学，也不至于落到如此地步。当时，汇丰银行和一些财团都找到了陈嘉庚，称他们可以进行投资，但前提只有一个：让陈嘉庚停止办学，不要再将钱投到厦大、集美学校。

对于这样的条件，陈嘉庚直接拒绝了。1938年，持续十几年无止境的付出，再加上企业已经破产，陈嘉庚再也无力负担厦门大学的经费。于是，他将厦大无偿捐献，厦门大学由私立改为国立。

三

抗日战争全面爆发之后，陈嘉庚发起成立了"马来亚新加坡华侨筹赈祖国伤兵难民大会委员会"，并担任该委员会主席，准备进行持久而大量的筹款。

其实，在抗战之前，陈嘉庚还资助过孙中山和辛亥革命。他曾加入同盟会，并于20世纪20年代在新加坡创办了《南洋商报》，大力提倡抵制日货，在华侨社会产生了巨大影响。

随着抗战形势的发展，南洋各地的华侨认为，应该成立一个联合组织，以便统一领导和相互协作，并请求德高望重的陈嘉庚出面召集。1938年10月，在南洋各埠代表的一致同意下，"南洋华侨筹赈祖国难民总会"（以下简称"南侨总会"）成立，陈嘉庚被推选为主席。为了更好地领导南侨总会，已是耳顺之年的陈嘉庚不辞辛劳，索性住进了新加坡华侨华人活动中心，不分昼夜地进行抗日救亡工作。

由于陈嘉庚领导有方,加上华侨华人空前团结,累计捐款数额非常可观。据统计,1937—1945年,华侨捐款超过13亿元(国币),其中南洋华侨的捐献比重最大。此外,许多华侨通过侨汇的方式,将钱寄给国内亲属代捐,仅1937—1943年通过银行途径的侨汇,就达到了55亿元(国币)。物资方面,在1937—1940年短短三年间,南洋华侨捐出飞机200余架、坦克近30辆、救护车超过1000辆、大米超过1万包,以及大量的药品、雨衣、胶鞋等。

由于交通封锁,支援祖国抗战的大批海外物资只能通过滇缅公路运输,但国内汽车奇缺,运输极为困难。1939—1940年,陈嘉庚通过南侨总会从新加坡、马来西亚等地招募机工3500多人,又捐赠了300余辆汽车与其他物资,让这些爱国的华侨机工回到祖国大西南,负责运送物资。

1938年11月2日,陈嘉庚在重庆《中央日报》公开发表了一个著名提案[①],即反对汪精卫投降卖国的提案:"日寇未退出我国土之前,凡公务员对任何人谈和平条件,概以汉奸国贼论。"其实,在早年间,陈嘉庚和汪精卫私交甚好。但是,在汪精卫发表"和平谈话"之后,陈嘉庚怒火攻心,直接去电文询问,并郑重地说明:"日寇占我领土,对日和平绝不可能!"

汪精卫叛国投敌后,陈嘉庚看到国民党当局只是开除了汪精

---

① 被作家邹韬奋称为"古今中外最伟大的提案"。

卫的党籍,而没有对其进行通缉并绳之以法,极为愤怒,强烈要求"宣布其罪,通缉归案,以正国法,以定人心"!同时,陈嘉庚以南侨总会的名义发出通告,详列了汪精卫的罪行,呼吁广大侨胞辨清忠奸,并号召他们继续捐资救难,只要抗战不胜利,支援祖国的行动就绝不停止。当时,新加坡和马来西亚华侨普遍举行了"反汪宣传周",参加讨逆多达170万人次,更有侨胞筹集专款,作为缉拿汪精卫的经费。

四

1939年冬,陈嘉庚觉得自己离战场太远,对战争状况多不详知,深感"义有未尽",于是发起了"南洋华侨回国慰劳考察团",与考察团的其余50人一起,毅然回到了祖国。

陈嘉庚回国之后,先去了重庆。在重庆期间,他目睹了国民党政权的腐败,对战争期间国民党政权自上而下的铺张浪费深恶痛绝。1940年5月31日,陈嘉庚到了延安,受到延安各界5000余人的热烈欢迎,毛泽东在既是住所又是办公室的窑洞里会见了他。

陈嘉庚在他的回忆录里写道:"到时,毛君已在门外迎接。其住居与办事所亦是山洞,大小与余寓略同。屋内十余只木椅,大小高下不一,写字桌比学生桌较大,系旧式乡村民用家私,盖甚简单也。毛君形容相貌,与日报所载无殊,唯头发颇长,据言多病,已两月未剪去,或系住洞内寒冷所致。"相比起在重庆时的灯红酒绿、大鱼大肉，陈嘉庚在延安看到了不一样的安定与朴素，这让原本对中国前途略感悲观的他，重新充满了希望。

虽然贵为"南洋巨富"，但陈嘉庚是一个崇尚简朴之人。当年，在他回国筹建厦门大学期间，他发现部分集美师生经常跑到厦门市去购物消费，就在秋季开学式上演讲时进行教育批评。

他说："中国今贫困极矣，吾既为中国人，则种种举动应以节俭为本。"并现身说法，说："鄙人在新加坡时，地处繁华，每月除正当费用外，（另费）①不及二元。"他进而当众分析原因，指出："所以如此者，盖以个人少费一文，即为吾家多储一文，亦即为吾国多储一文，积少成多，以之兴学，此余之本意。"

新中国成立后，陈嘉庚还有一个节约逸事也成为美谈。当时，华东军区首长去厦门集美看望陈嘉庚。炊事员买了一斤糖果上楼招待。待首长离开后，陈嘉庚随即教导炊事员，说："首长最多尝一两颗糖果，不像小孩子喜欢糖一个接一个吃个不停，买二角钱就足够了。"

五

1950年，陈嘉庚回国定居，将自己的所有财产贡献了出来，用以建设厦门大学与集美学村。1954年9月，陈嘉庚出席第一届

---

① 其他开销之意。

全国人民代表大会第一次会议，当选为全国人大常委会委员。1956年，陈嘉庚当选为中华全国归国华侨联合会主席。1959年，陈嘉庚当选为全国政协副主席；同年，创立厦门华侨博物院。后因放射治疗，致右眼失明。

黄炎培先生曾言，发了财的人当中，肯全部拿出来的，只有陈先生一人。

当年，陈嘉庚在筹建厦门大学时，也有过多次募捐的经历，但结果并不理想。在那个年代，有钱人也不少，但愿意无私捐款办学的，屈指可数。所以，陈嘉庚在《南侨回忆录》一书里写道："一毛不拔，既不为社会计，亦不为自身名誉计，真其愚不可及！"

在生活中，陈嘉庚始终保持着一贯的作风，正如他自己所言："应该用的钱，百万千万也不要吝啬；不应该用的钱，一分也不要浪费。"

1990年，国际小行星中心和小行星命名委员会决定，将在1964年发现的第2963号小行星命名为"陈嘉庚星"。2019年，新加坡开埠200周年，推出了20新元纪念钞，背面印着8位新加坡先驱人物的头像，其中一个就是陈嘉庚。

◇ 投资人视角

抗战期间，在南洋华侨中，慷慨解囊支援祖国的爱国企业家有不少，但陈嘉庚先生无疑是最具有代表性的一位。他不但捐钱，还身体力行，用具体行动支援抗日战争。他对教育事业有着无限的热爱，创办的集美学村和厦门大学惠及了莘莘学子。

在乱世，在人人自危的年代，作为企业家的陈嘉庚本来可以过上富足和安逸的生活，但他以天下为己任，献出了自己的所有。

作为投资人，我们经常会反思，我们为这个社会创造了什么价值？

思来想去，无非我们将资金配置在优质企业的举措，让这些优质企业为社会创造了更多的工作岗位、生产了更好的商品或提供了更好的服务。在这个过程中，企业也因此产生了更多的利润，国家财政获得了更多的税收。

不过，也就仅此而已了。

酌贪泉而觉爽，处涸辙以犹欢。在陈先生身上，我们还看到了理性的乐观主义精神。作为投资人，我们投资的是一个经济体的未来，虽然未来是不确定的，但保持对未来理性乐观的态度非常重要。

无论这个社会如何变化，人类对美好生活的向往是不变的。只要社会局势稳定，国人创造财富的热情就不会扑灭，经济发展的动力就依然强劲。伴随经济体的持续成长和发展，享受到经济发展的红利，不过是水到渠成的事情。

陈先生对教育的重视，确实令人感动。有一位投资人曾说，教育是永远不需要退出的投资。作为投资人，我们在这个问题上的感触尤为深刻。投资，本质上就是认知的变现。如果一个投资经理的认知水平不够，他迟早会在投资的职业生涯中栽跟头。

但认知不是凭空产生的。它需要高强度的、多渠道的阅读和思考，要把最底层的逻辑搞清楚。诺贝尔经济学奖获得者阿马蒂亚·森曾言，考察一个人的判断力，主要考察他的信息渠道和信息来源的多样性。如果没有广泛的阅读，我们的视野、格局和眼光就会很小，我们看问题会比较极端，也很难形成系统性思考问题和综合判断事物的能力。

在我们看来，投资，首先要投资自己，让自己不断成长。投资自己才是最好的投资，也是最重要的投资。

主要参考资料：

[1] 陈嘉庚.南侨回忆录[M].上海：上海三联书店，2014.

[2] 贺春旎.陈嘉庚：华侨旗帜　民族光辉[M].福州：福建人民出版社，2016.

企业家篇
浪花淘尽英雄

IT领袖的雄心是改变世界：比尔·盖茨

他曾连续13年蝉联世界首富。在PC时代，他创办的微软是一台"印钞机"，是IT行业无敌的存在。自2008年开始，他逐渐淡出自己一手创办的微软，将工作重心转向盖茨基金会，专注于有关全球健康、发展、教育以及气候变化的慈善事业。他跟沃伦·巴菲特的友谊一直被人津津乐道。他就是比尔·盖茨，一个试图改变世界的商业奇才。

新冠疫情暴发的这几年，对将近70岁高龄的盖茨来说，享受风平浪静的晚年生活，似乎是一件非常奢侈的事情。

2020年3月14日，盖茨宣布退出微软公司董事会，同时卸任巴菲特旗下的伯克希尔-哈撒韦公司的董事会职务。2021年5月4日凌晨，美国微软公司联合创始人比尔·盖茨和夫人梅琳达·盖茨发表声明，宣布结束27年的婚姻。就在宣布离婚后不久，2021年5月17日，盖茨被爆接受微软董事会调查，调查的内容主要围绕他和微软女员工"不恰当"关系展开。据说，此调查早在2019年下半年就开始了，有关媒体认为，绯闻事件是盖茨2020年3月离职董事会的主要原因。2022年5月10日，盖茨通过社交媒体宣称其新冠病毒检测结果呈阳性。

时间是一个公正的老人。它从来不会因为你是一个天才、首富、企业家或政治家而有所偏袒。也正是因为它的不偏不倚和客观真实，才能让我们更容易看清楚一个个伟大人物的血与肉。

一

把时钟拨回到67年前。

在1955年10月28日的美国西雅图，一个名叫威廉·亨利·盖茨三世（比尔·盖茨）的小男孩诞生了。

盖茨的外祖父曾任国家银行行长，父亲是一名律师，母亲是一名商业界人士，曾任华盛顿大学的校董和国际非营利组织联合劝募协会执行理事会的首名女性主席。非常值得一提的是，在任执行理事会主席期间，她与IBM的首席执行官约翰·埃克斯共事。

"石油大亨"洛克菲勒曾经说过，这个世界如同一座高山，当父母生活在山顶的时候，他们的孩子当然就出生在山顶，注定不会生活在山脚下。所以，一般而言，父母的位置决定了孩子的人生起点。这并不是消极的出身观，而是一种积极的奋斗观。类似"横空出世""鲤鱼跃龙门""朝为田舍郎，暮登天子堂"这种现象有没有？当然有，但必然是小概率事件。

盖茨良好的家庭出身，是他在商业上取得巨大成功的必要条件。20世纪60年代，IBM的第一台大型机正式诞生，但那时候的计算机并没有商业化，只出现在大学、政府部门和军方。依托于良好的家庭背景，盖茨很早就接触了计算机，并在上中学的时候就开始学习编程。之后，他为学校编写了一款课表安排软件，并成功对外出售了一款时间表格系统，售价是4200美元。

1973年，盖茨考入哈佛大学。他本应在1977年毕业，但进入大学两年后，他决定辍学创业。坦白讲，我们这一代人，当年读书的时候，得知盖茨和乔布斯这些牛人并没有读完大学的时候，内心还是有一些波澜的。当年的我们，很是佩服他们的果敢和勇气，更佩服他们的见识和眼光。意识到个人计算机及其相关产业将会是一个大产业，是见识和眼光；以时不我待的精神傲视世俗，是果敢和勇气。

二

1980年，盖茨到IBM推广其开发的BASIC解释器，进而了解到IBM需要一种个人计算机的操作系统。盖茨当时向IBM推荐了DR公司（数位研究公司），但该公司和IBM在价钱上谈不拢。IBM问盖茨是否可以做类似DR-DOS的东西，盖茨非常聪明地从西雅图计算机产品公司SCP手上花5万美元买下了DOS，但丝毫没透露是IBM需要。随后，他转手就卖给了IBM，但只收版权费，不卖源代码。这样一来，盖茨就控制了个人计算机的操作系统。

之后，微软和盖茨凭借DOS，竟然在操作系统的竞争中战胜了苹果公司。

但DOS毕竟是一个相对落后的操作系统，如果不加大研发力度，很容易被别人超越。很遗憾，微软早期开发的操作系统Windows 1.0和Windows 2.0并不成功。不过，Windows 3.0终于让微软重回舞台中央，对微软来说具有划时代的意义，一扫之前失败的阴霾，也宣告了微软在操作系统的市场已经没有了后顾之忧。

但20世纪90年代互联网的兴起，开始让微软和盖茨寝食难安。在PC（个人计算机）时代，微软之所以能独步IT行业，就在于它掌控了个人计算机的接口，即操作系统。Windows作为一个开源系统，运用于除苹果计算机之外的所有PC。

互联网时代，谁掌握了互联网的接口——浏览器，谁就占据了互联网时代的先发优势。在这个领域，微软没有先发优势。但当盖茨意识到浏览器的重要性时，他果断把公司的战略转向浏览器的开发。很快，IE浏览器就面世了。同时，盖茨充分借助微软操作系统的主导地位，将IE浏览器跟微软的操作系统捆绑销售，免费提供给客户使用。因为这件事，微软被美国司法部告上了法庭，理由是垄断。不过，这个案件以罚款告终，公司并没有被拆分。

移动互联网时代，谷歌以其安卓系统、苹果以其iOS系统掌控了手机的接口。截至目前，微软在移动端并没有多大的建树，IE浏览器的市场份额也远远落后于谷歌浏览器。但只要个人计算机还在被使用，微软不犯大错，它的操作系统就几乎不可能失去其主导地位。微软仍然是一台"印钞机"。[①]

---

① 仅代表个人观点。

2000年，微软成为全球股票市值最高的公司。18年后，即2018年，微软股票市值一度超越苹果，再次成为全球股票市值最高的公司。

三

盖茨的好朋友巴菲特是一位出生于大萧条时期的投资家。在他出生的前一年，美国股市崩盘，他的父亲霍华德（一位股票经纪人）因为股市崩盘而被迫赋闲在家。股市崩盘的时间是1929年10月，而巴菲特出生的日期是1930年8月，这一段时间跟他父亲失业的时间刚好吻合。

他出生在人人"谈股色变"的大萧条时期，躲过了市场的疯狂下跌（他的老师本杰明·格雷厄姆管理的股票账户一度出现了85%浮亏），可以说是生逢其时；也刚好赶上了美国经济几十年的蓬勃发展和股票市场的长期牛市，可以说是躬逢其盛。巴菲特也曾把自己的成功归结为"卵巢彩票①"。

每个成功者都是时代之子，尤其是对那些在商业上取得巨大成功的人来说，更是如此。

在盖茨决定为PC开发系统软件时，绝大部分计算机硬件工程师都相信，要使计算机运算更快，唯有把计算机造得更大才行。换句话说，当大家都看好大型机的时候，盖茨却以超前的眼光看

---

① 巴菲特认为，父母的影响和家庭的熏陶对他一生影响极大，他是在恰当的时间出生在一个恰当的地方，就好像他抽中了"卵巢彩票"一样。

到了小型机的未来。这是创业者的实力，也是一种运气，他拥有绝大部分人所没有的产生创意和直觉的运气。

将创意和直觉付诸行动，更是一种运气。毕竟，这个世界拥有好创意和直觉的人太多了，但能将创意和直觉变成消费者喜爱的商品和服务的人，少之又少。

盖茨曾将"横扫一切的运气"视为自己在商业上取得巨大成功的必备要素。他说，你在哪里出生，父母是谁，这些都和努力无关，而是命中注定的。因此，巴菲特和盖茨把自己的成功归为运气，也不完全是因为谦虚。

就拿他们所处的国家——美国来说，其实也是极其幸运的。

首先，美国本土48个州全部地处北温带，跟中美洲某些国家国土狭长的南北走向不同的是，这48个州的土地是东西走向，纬度差距并不大，都是属于农业物产丰富的地带。其次，跟低纬度热带地区相比，北温带疫病也相对较少，土壤的肥沃程度也更高。再次，美国东西两边临海，拥有漫长的海岸线和可达腹地的密西西比河流域，保证了廉价的海运和国防的安全。最后，跟美国北部接壤的加拿大、南部接壤的墨西哥，人口规模都不大，很难对美国本土造成威胁。[1]

---

[1] 借鉴了演化生物学家贾雷德·戴蒙德先生的观点。贾雷德·戴蒙德是UCLA（加利福尼亚大学洛杉矶分校）医学院生理学教授，美国艺术与科学院、国家科学院院士，著有《枪炮、病菌与钢铁》《剧变：人类社会与国家危机的转折点》《为什么有的国家富裕，有的国家贫穷》等。

盖茨和巴菲特，这两个拥有巨额财富的幸运儿，都认为自己已经足够幸运了，应该把手中的巨额财富捐出去，给那些需要帮助的人。为此，他们共同发起了"捐赠誓言"，影响并号召更多的富人参与到捐赠事业中。

这让我想起了一百年前的卡内基、福特和洛克菲勒。盖茨和巴菲特的举措，也算是一种传承。别的富豪只捐钱，而不在意这些钱怎么用，而盖茨的雄心并不局限于商业上的成功。

自2008年开始，他将工作重心放在盖茨基金会上。盖茨基金会，又称"比尔及梅琳达·盖茨基金会"（Bill & Melinda Gates Foundation），成立于2000年，致力于全球健康、发展、教育以及气候变化的慈善事业。

2022年7月，盖茨基金会宣布，计划到2026年，将年度捐赠支出提高到90亿美元，较新冠疫情之前提升了50%。自2000年以来，盖茨基金会共支出792亿美元，有超过一半的资金用于全球范围内的健康项目，在众多全球公共卫生事件中发挥着举足轻重的作用。

如果说，作为企业家的盖茨，他创办的微软彻底改变了现代人的生活、工作和交流的方式，那么，作为慈善家的盖茨，他成立的盖茨基金会，则在某种程度上改变了地球上某些地区因疾病或贫困而导致的不平等现象。

当然，另一个改变也不容忽视。盖茨的慷慨改变了世人对商人"一毛不拔""狡诈"的刻板印象。盖茨曾言，财富并不是我的，我只是暂时支配它而已。

2018年，盖茨在他的微信公众号上高度评价了桑黑莱特·凯丽姆等五位在抗击疾病、饥饿和贫困事业中无私奉献的工作人员，并尊称他们是"改变世界的五位英雄"。

有一位网友在文章的评论区写道：你才应该排第一，无可争议的第一。这条评语获得了最高量的点赞。

四

2006年，盖茨的好朋友巴菲特宣布将自己大部分财产捐赠给盖茨基金会。2006年至今[①]，巴菲特向盖茨基金会捐赠357亿美元，约占基金会总资产的一半。盖茨夫妇已向基金会捐赠了390亿美元。

巴菲特当年也想自己做慈善基金，但在跟盖茨夫妇沟通之后，本着能力圈的原则，他还是决定将自己的钱交给盖茨基金会去打理。在亲近巴菲特的人当中，比如已故的第一任妻子苏珊、大儿子霍华德，都成立了自己的基金会。但巴菲特仍然决定将大部分财产捐赠给盖茨基金会，一方面是出于对盖茨的信任和肯定，另一方面突出了巴菲特一以贯之的理性和正直。

既然提到了巴菲特，就不得不提盖茨和巴菲特有趣的相识经历。

[①] 本文成文时间是2022年9月。

尽管盖茨和巴菲特都是《福布斯》财富榜上不断被人比较的对象,但在1991年以前,两位商业巨人从来就没有碰过面。没碰过面的原因也很简单。盖茨对那个"只会拿钱选股票投资的人"(指巴菲特)毫无兴趣。在他看来,对方虽然投资做得很好,但只不过是在资本市场买卖股票而已,这对整个社会来说没有多大价值,就是一个零和游戏。

而巴菲特对盖茨还是很欣赏的。他知道这个比他小25岁的年轻人非常聪明。但巴菲特对IT专业人士也不感冒,他不认为自己想要理解盖茨所在那个行业。

"怂恿"巴菲特和盖茨见面的,是《华盛顿邮报》的老板凯瑟琳·格雷厄姆[①]和主编梅格·格林菲尔德。而动员盖茨和巴菲特见面的,是盖茨的父母。

两个从未谋面的人,在跟他人交流方面有一个共同点,如果遇到自己不感兴趣的话题,他们会尽量选择结束。盖茨在待人接物方面缺乏耐心,这对公众来说,并不是什么秘密。而巴菲特,虽然在遇到不感兴趣的话题时不会走开,但他会在第一时间转移话题,把自己从不感兴趣的话题中解脱出来。

他们之间的交流不需要任何的铺垫,也没有任何的过渡,直奔正题。盖茨问了巴菲特有关报业经济的问题。巴菲特直言不

---

① 凯瑟琳·格雷厄姆号称美国"新闻界最有权势的女人"。她是巴菲特的红颜知己,他们之间的深情厚谊在凯瑟琳·格雷厄姆自传《我的一生略小于美国现代史》有详细记载。

讳，表示在其他媒体的冲击下，报业正一步步走向毁灭的深渊。巴菲特也问了盖茨有关信息产业的一些问题，盖茨也一一作了回答。

几分钟的时间，他们就完全进入了状态。他们沉浸其中，甚至完全忘记了其他人的存在。

盖茨开始发现，巴菲特所做的事情，都是基于他对世界的框架判断，并且是以深刻的洞察来作判断，他对事物运行原理的认知和掌握令人叹为观止。盖茨恍然大悟：自己和巴菲特所做的事情其实没有本质区别，都是从不同的维度，推动和塑造着这个世界。世界也因一些不同的方式而变得更加迷人。

盖茨试图说服巴菲特购买一台计算机，但巴菲特告诉盖茨，他不知道自己需要计算机做什么，他对其投资的那些企业的经营数据已经很清楚了，根本不需要通过计算机来查询。至于看股票行情，那是不可能的，这辈子也不需要看股票行情。

盖茨甚至向巴菲特推荐了两只科技类股票：微软和英特尔。当然，无论是微软还是英特尔的股票，巴菲特最后一股都没有买。

晚饭的时候，盖茨的父亲问了大家一个问题，人一生中最重要的特质是什么？

盖茨和巴菲特的答案完全一样：Focus（专注）。

◇ **投资人视角**

一个人能取得多大的成就，除了自身的努力之外，时代进程更为关键。

比尔·盖茨的确足够幸运，生长在一个计算机开始普及的年代。他也足够优秀，否则不可能先人一步，判断到个人计算机的应用即将全面爆发。更令人惊奇的是他的经商天分，有别于他人的商业模式让他成了世界首富。微软是一台"印钞机"，只要个人计算机不退出历史舞台，微软大概率还会很赚钱[①]。

我想，幸运的盖茨对慈善的热情应该是发自内心的。

作为一个投资人，我发现了一个比较一致的规律，那就是：一个企业越优秀，就越是有更大的自主权去关心自己的员工、产品和在更广阔世界里的影响力。比如苹果、微软、谷歌、腾讯、阿里巴巴、贵州茅台[②]这样的企业，它们的管理层除了想着把企业经营好之外，还不遗余力地去想其他的事情。

企业和创始人，到底哪一个更有责任感才能创造出一个优质的企业？我个人更倾向于前者。因为生意与生意之间的差异还是很大的。有些生意，管理层只要不瞎折腾，企业就会持续不断地赚到更多的现金流。而有些生意，哪怕创始人和管理层很优秀，其经营状况就是非常一般。

所以，在投资标的的选择上，我们更倾向于选择一流的商业

[①] 仅代表作者个人观点。

[②] 所举的企业例子并不能作为投资建议，请注意投资风险。

模式和生意，而不是一流的管理层。当然，如果二者可以兼顾，那就再好不过了。我们如果能搞懂这样的企业，一般会在估值合理的时候买入足够高的比例。

只不过，这种机会通常可遇而不可求。

主要参考资料：

[1] 吴军. 浪潮之巅（第四版）[M]. 北京：人民邮电出版社，2019.

[2] 艾丽斯·施罗德. 滚雪球：巴菲特和他的财富人生[M]. 覃扬眉，等译. 北京：中信出版集团，2018.

企业家篇
浪花淘尽英雄

一个企业家的刚与柔：曹德旺

他是全球最大汽车玻璃供应商的掌门人，也是首位获得企业界奥斯卡奖——"安永全球企业家奖"的华人。他还是世界瞩目的慈善家，累计捐款金额超过100亿元，成为中国首善。他虽然受教育程度不高，却是一位嗜书如命、自学成才的企业家。他正直，可为不平之事拍案而起。他善良，能向产业链同行和教育事业伸出援助之手。他就是曹德旺，一个刚柔并济的慈善家。

1988年6月24日，上午11点50分，位于福建省福清市宏路镇的东张水库人声鼎沸，1988年中国福建国际龙舟邀请赛在这里拉开帷幕。

这是福清市第一次担任国际体育赛事的东道主。这一天，可能是除1958年建设时期之外，东张水库最热闹的一天了。整个水库堤坝上挤满了人，锣鼓声、加油声、口号声响彻云霄。

经过4个小时的角逐，赛事进入颁奖环节。在依次颁发完冠、亚、季军奖杯之后，主持人宣布由著名企业家、福耀玻璃创始人、"玻璃大王"曹德旺为获奖选手颁发纪念奖杯。就在澳大利亚队队长准备从曹德旺手中接过奖杯的瞬间,"意外"发生了,曹德旺一扬手,将奖杯扔进了东张水库。现场所有人的笑容瞬间凝固,你看我,我看你,不知所措。

这件事的缘由,还得从1987年底说起。

一

1987年底的某一天,福建省体委一位领导找到曹德旺,希望福耀玻璃能以冠名商的身份,为下一年即将举办的国际龙舟邀请赛赞助5万元。领导许诺,赞助款到账之后,可以让福耀玻璃冠名本次赛事,并由曹德旺上台颁发冠军奖杯。

在20世纪80年代,5万元并不是一笔小钱,但曹德旺仍然答应了。很显然,他被领导说服了。这个"买卖"确实划算。对老曹来说,通过捐助这场比赛,既可以把家乡推介给全世界,也能够让福耀公司得到宣传。很快,曹德旺就和领导签订了合约。合约中写道,曹德旺负责出资赞助比赛,并由他负责颁发冠有福耀公司名字的冠军奖杯,而本次比赛也将命名为福耀杯国际龙舟邀请赛。

签完合约,曹德旺很是高兴,但还没等他高兴多久,事情就起了变故。省体委另一位领导找到曹德旺,对他说,冠名国际龙舟赛的事情有些变化。省领导认为,国际赛事用企业名字冠名不妥,应该改成"中国福建国际龙舟邀请赛"。

临了,领导还问老曹怎么看。这次谈话,表面上是征求曹德旺的意见，实际上是在传达省里的指示。虽然曹德旺心里很不舒服，但他知道这场比赛对家乡福清的重要性。所以，他表示愿意放弃合约里的冠名权。

可是，事情还没消停几天，变故又发生了。领导再次找到曹德旺，对他说，这次的冠军奖杯，也不能用福耀冠名了，原来定的"福耀杯"只能冠名纪念奖杯。曹德旺表示不解，希望领导能给出合理解释。领导有些犹豫，但还是将缘由告诉了他。前段时间，上面的大领导，去印度尼西亚找到了一个新的投资商。新来的投资商愿意出60万元赞助比赛，所以这个冠军杯的命名只能更换了。

听完这话，曹德旺彻底怒了。对他来说，白纸黑字签订的合约，说反悔就反悔，摆明了欺负人。对他来说，"诚信"两个字是为人之本，也正是因为他一直遵循这个原则，福耀玻璃才能够做这么大。可现如今，领导却一再触犯自己的底线。

事已至此，曹德旺拍案而起，怒道："除非你们不办这个赛事，要办，不要说我出了5万元，就是只出5分钱，和你们签了合同，这赛事的冠军奖杯也是我的，我绝不退让。"言下之意就是：要么按合约办事，让我曹德旺颁发"福耀杯"；要么就退钱赔偿违约金，并登报道歉。

后来，比赛如期举办，但是关于"福耀杯"的冠名权，依旧没有下文。老曹原本打算让公司传达室派个门卫去赛场观看比赛，若有颁奖环节，不管颁什么奖都让门卫去颁，他并不打算去现场。

但到了比赛那一天，主办方亲自给他发邀请函，并承诺冠军奖杯由他来颁发，曹德旺这才答应去了现场。然而，等到了现场，曹德旺才发现自己再一次被领导欺骗了。在颁奖仪式上，主持人从冠军、亚军、季军一路念下来，颁奖嘉宾都没有曹德旺的名字，直到颁发纪念奖杯时，主持人才让他上去颁奖。

憋了一肚子火的曹德旺直接拿过奖杯，一把就将它丢入了水中，并站在讲台上，指着领导破口大骂。声称领导就是个大骗子，出尔反尔，不守信用。此番发言一出，全场哗然，就连主席台上的领导都愣住了。参赛运动员也站在那里，不知所措。[1]

这件事情在当时造成了不小的轰动，省里甚至派人专门调查此事。在了解事情的前因后果之后，省里认为，曹德旺的做法虽然偏激，但也情有可原，就没有对曹德旺进行处罚，只是让他写了一份检讨书。

说话直爽，敢作敢为，有理谁都不怕，从不委曲求全。老曹就是这样一个人。这可能也是他把企业做到如此之大的原因。其实，早在这件事情发生的两年前，也就是1986年整党工作中发生的事情，就已经让曹德旺"初试啼声"了。

当年的农村整党工作中，福清市高山镇整党办公室列出了曹德旺四项贪污问题，金额合计近20万元。在镇整党办公室，县委书记、镇领导班子、检察院、法院等领导都来讨论曹德旺的贪污

---

[1] 引自《心若菩提（增订本）》。

问题。

按曹德旺自己的说法,他身正不怕影子斜,针对贪污指控,一项一项地进行辩驳。他事先整理打印了相关的材料,发给与会领导人手一份。曹德旺对所有指控一一辩驳,一个人不打草稿地说了两三个小时,最后愤怒地拍完桌子,竖起中指,完全不在乎怎么处理他。[①]

会议结束后,县委书记要求把会议内容做成纪要,并要求整党办把所有账本还给工厂。但想整倒曹德旺的人并不死心,又把事情反馈到福州市;市里没有处置曹德旺,又把事情反馈到福建省农委;最后告到了国家信访局,中央纪委要求福建省彻查此事。于是,福建省、福州市、福清县联合成立调查组,彻查此事,但结果依旧是:曹德旺没有问题。

送走中央和省里的调查组成员,福州市委书记怒了:"我们的基层干部如果是这样的素质、这样的觉悟,我们的工作还怎么开展?"书记责令县委书记拿出处理意见。结果,高山镇党、政两套领导班子,全面改组,原有领导班子平调,实则降职。[②]

二

如果说,"摔奖杯"和"竖中指"事件反映的是曹德旺的"刚",那么接下来要说的事情,则反映的是他的"柔"。

[①②] 引自《心若菩提(增订本)》。

2007年，曹德旺接到下属的一个请示电话，说公司有一个员工叫田军，还在实习期，"五一"回老家检查身体的时候，发现得了白血病。因为家庭贫困，现在无法去医院救治，问曹德旺要不要给予他一些帮助。

曹德旺告诉下属："直接将病人送到医院，费用全部由公司支付。"下属提醒道："那得十几万元呢！"曹德旺说："十几万元就十几万元，有什么好说的？""我要跟你讲清楚，他只是一个实习生，还没有跟公司签正式合同。"电话那头说道。曹德旺说："我爸爸当年告诉我，你若是开店的，开门看见门口躺着人，一定要先给他灌水，有口气了再送医院。和公司无关的人，我们都要帮助他，何况他还在我们公司实习呢！"

后来，福耀的人事部调查发现，田军20岁就没有了父亲，和母亲生活在一起。为了给田军治病，做骨髓移植，福耀公司前前后后花了七八十万元。

1997年夏天，来自日本的印度尼西亚Asahi玻璃公司的总经理来拜访曹德旺。因为那一年，泰铢贬值崩盘，引发东南亚经济危机，印度尼西亚受到的冲击也很严重。在曹德旺家里的饭桌上，总经理说了自己的困难，希望曹德旺能帮他。

曹德旺给他倒了一杯酒，并先干为敬。那时福耀公司还不大，曹德旺说："我们是小公司，用量不大，每个月也就三五千吨玻璃，如果这样可以，我们每个月买你们4000吨玻璃，相当于用量的80%~90%都是从你们那里买。至于价格，参考中国市场的现价，你看如何？"

总经理一听，"扑通"一声跪了下来，举起酒杯说："曹总，感谢您。我在印度尼西亚的仓库太小，再加上金融危机，玻璃不好卖，印度尼西亚湿度大，玻璃也不好存放，这一船货，如果你不要，我就只有给炸掉了。"

送走了总经理后，曹德旺的下属不明白，问他："印度尼西亚受灾这么严重，老板跟他买那么多玻璃，为什么不同他商谈价格？"曹德旺说："我刚从印度尼西亚回来，他们的危机十分严重，远超你们想象。我们现在的浮法玻璃原片，主要靠外购，目前国内只有两家，一个健康的印度尼西亚Asahi是我们所希望的。"

曹德旺继续说："你要记住，从产业链的理论上讲，上下游企业，虽然有买卖关系，但分工不同，绝对不是各自孤立存在的。要想让公司健康发展，不仅自己要做好，更需要我们的供应商发达。""表面上我们是在帮别人，实际上也是在帮助我们自己。既然我们是帮助别人，那就不用讨价还价。我相信这位日本人也是个聪明人，知道我的用意的。"

果然，过了一年多，亚洲经济回暖，玻璃原片供不应求，价格不断上涨，还拿不到货。而那段时间，福耀每个月都能得到Asahi至少一艘船的供货保障。而且，Asahi不仅按时发货，也绝口不提涨价的事。直到一年多之后，玻璃价格几乎涨了一倍，曹德旺才收到印度尼西亚Asahi一封很谨慎的信，信中直道歉：不好意思，要涨价。曹德旺立马答应了："早就该涨价了，真的很感谢！"

在后来20多年的产业发展中，福耀的上下游企业遇到很多危机，甚至包括福特这样的巨头。但曹德旺一直坚持这个原则：产业链的上下游，都是一家人，只是分工不同，谁也不要自毁长城，谁也不要见死不救。

别人有困难，你理解并帮助，这是给自己留条后路。

三

2021年11月20日，河仁慈善基金会①与福州市政府签订协议，计划投资100亿元建设福耀科技大学，以助力解决目前中国制造业应用型、技能型人才断档的问题。

对曹德旺人生经历略有了解的人都知道，他自己并没有接受过很多的学校教育。

曹德旺1946年5月出生于上海，家里有六个兄弟姐妹。他的家族在福清高山镇里算是望族，曾祖父曹公望曾是福清的首富，只不过到了他爷爷这一代逐渐衰微，直至最后破落。但父亲曹河仁倒是争气，通过自己的努力，成为上海滩的富商巨贾。他什么生意都做，后来还成了上海永安百货公司的股东之一。母亲陈惠珍是地主家的千金。出嫁时，曹德旺的外公给了不少陪嫁。

本来曹德旺有望成长在一个富足安稳的环境中，但在曹家举家从上海迁回福清之际，一场海难将他们的万贯家财沉入海底，

---

① "河仁"二字取自曹德旺父亲的名字曹河仁。

曹家再次被打回了原形。

曹河仁非常灰心，回到福清不久后便独自一人返回上海，把孤儿寡母留在了福清，过着清汤寡水的贫困生活。直到曹德旺10岁左右，曹河仁感觉一无所获，才回到福清。

不知道是天性所致，还是因为缺少父亲的管教，曹德旺从小就调皮捣蛋，在学校总是惹是生非。初一上学期，曹德旺因为偷偷下河游泳，被教导主任当着全体学生的面公开批评。事后，怀恨在心的他趁主任上厕所之际，爬上围墙，朝主任头上滋了一泡尿。主任勃然大怒，跑到曹家气急败坏地骂了一通。虽然学校没有进行处分，但曹德旺闯下这么大的祸事，也不敢再回到学校了。

就这样，13岁的曹德旺辍学在家，成了一名放牛娃。

学不能上了，但日子还得过。曹德旺虽然离开了学校，但始终没有放弃学习。母亲告诉他，天下没有人会同情你的贫穷，也没有人会为你解决困难。要摆脱贫穷，只有靠自己努力和拼搏。

因此，曹德旺在出门放牛时，会把哥哥读过的书带在身边自学，不懂的字就查《新华字典》和《辞海》。那时，一本《新华字典》八角钱，是他割了一年多的马草攒下钱买的；一本《辞海》三元钱，是他割了三年多的马草才攒够买下的。他靠字典自学读书的习惯，就是这样养成的。

只要是印有字的纸，他都会拿起来读。那时候的曹德旺，就像电视剧《悬崖》里的周乙，读一切可读之物，甚至包括自行车使用说明书。

此后,嗜书如命、勤勉自学的习惯就一直伴随着曹德旺。从阅读印有字的纸片,到自学会计课程,再到啃下整套MBA教材,曹德旺不断积累知识,逐渐摸清了经营企业的门道。

以至于曹德旺后来自豪地说:"在福耀,我可以胜任的不单是董事长,我还可以出任财务总监、质量总监和人力资源总监,我有这个水平。这样我才能够把企业搞得风生水起,如果我不是多面手,怎么搞呢?"

同时,曹德旺对读书有自己的一些见解。他认为人生必须读两本书,一本是"有字之书",一本是"无字之书"。"有字之书"记载着古今中外的精华;"无字之书"就是你每天接触的万事、万物、万人,向天下学习,每天都要坚持。

关于读"有字之书",曹德旺认为应该有三性:一是韧性,长期坚持;二是悟性,能够悟透;三是记性,悟了之后才会记,知道了原理才能锁进脑子里。这种勤奋学习的态度贯穿了曹德旺的一生,也为福耀玻璃后来的发展和兴盛打下了坚实的基础。

有研究表明,教育和赚钱之间没有太大关系,但一旦富裕之后,人们对教育的重视程度会进一步提高。这也就很好地解释了为什么有些富豪并没有接受过良好的学校教育,但发达之后,不忘桑梓,助力家乡教育。在很多企业家和投资家看来,教育是一个永远不需要退出的投资。

从1976年为自己就读过的小学捐赠2000多元的桌椅,到2021

年捐赠100亿元成立福耀科技大学,曹德旺这些年来累计为社会捐赠价值近200亿元的财物,占自身家产的一半,被很多媒体誉为"中国首善"。

对于做慈善,曹德旺一直有着自己独到的见解。他认为,做慈善不是自己去施舍别人,而是在修做人的规矩。为此,曹德旺还举了一个例子:"看到乞丐讨钱,你说'给你',这个不是做慈善。应该蹲下来,说我口袋里也没多少钱,拿五元给你,希望你不要嫌弃,这才是做慈善。"

◇ 投资人视角

曹德旺是一个"猛人",他的猛,表现在他对信用的执着和对原则的坚守。

他"认死理",对违背原则之事奋起反击,不后退半步。他还有"菩萨心肠",关注弱者可能是他的一种本能。他接受的学校教育不多,却对助学事业热情高涨。

作为投资人,我最佩服他的地方,就在于他对原则的坚守。

在这个跟钱打交道的行业,我们确实应该去相信点什么,有些原则也应该去坚持。比如,我们应该相信,投资是认知的变现,是价值观的映射。一个人的认知和价值观,最终一定会反映到他的日常工作和生活中。我们还应该相信,买股票就是买企业,股票代表的是公司所有权或收益分配权的一部分,而不仅仅是一个交易的筹码。

有些原则，我们哪怕碰到再多的困难，也不应该去违背。

在2021—2022年，"优质企业策略"表现很不理想，给公募和私募管理人带来了巨大的压力。迫于业绩压力，有些投资经理开始改变自己当初制定和长期坚持的策略，放弃了对优质企业的坚守，离开了自己擅长和熟悉的领域，而转向拥抱一些自己并不擅长的行业和公司。

从最后的结果来看，当然很不理想。

做投资这么多年，我的体会是，坚持原则不容易，但违背原则更令人痛苦。用错误的方式赚到钱，是要付出代价的。至少，就我个人的经历和体会来讲，但凡违背了原则的举措，好像从来就没有给我带来好的结果。

正所谓，命运的馈赠，都已在暗中标好了价格。

主要参考资料：

曹德旺.心若菩提（增订本）[M].北京：人民出版社，2017.

企业家篇
浪花淘尽英雄

一个农家孩子的升腾与陨落：许家印

他出自农家，小时候差点儿被饿死。他是恒大地产的创始人，也是曾经的中国首富。2023年，他的企业一度爆出负债2.4万亿元。他是很多人口中的"皮带哥"——许家印。之所以收录这位失败的企业家，是因为他很有代表性，从失败中我们能汲取宝贵的教训。

1994年国庆期间，在花城广州环市东路的五星级酒店远洋宾馆，迎来了一位从深圳来的客人。作为一位从深圳来的客人，他可不是来度假的。他深知"时间就是金钱，效率就是生命"的道理。

甫一到广州，他就在当地最具影响力的报纸上连续两天打出整版广告，宣称深圳某大型企业集团，斥资10亿元在广州开发房地产，求购国有企业土地。还别说，真有企业关注。20世纪90年代，改革开放的前沿阵地——广州的老国有企业陆续面临倒闭、搬迁和转型的局面。处于困境的广州铁丝厂此刻正有卖地求生的打算。

那时房地产算是一个典型的"空手套白狼"的行业。流程其实很简单。首先，凭关系从银行贷一笔款拿地；其次，将拿到的地抵押给银行，再贷出一笔资金做开发；再次，开发商可以将尚未开发完毕的项目进行预售；最后，资金回笼后，一部分还银行，剩余部分继续拿地。

这位从深圳来的客人急忙向他深圳的老板去电，汇报地块的具体情况。之后，在很短的时间内，一笔2000万元的银行贷款就打入了广州铁丝厂的账户上。紧接着，公司将这块地抵押给银行，又贷出了2000万元做开发。由于设计独具匠心，叠加公道的价格，这个项目一举火爆了广州城，当年就为公司带来了将近"一个小目标"（1亿元）的净利润。

马斯洛需求层次理论告诉我们，人们在满足了基本的生理需要之后，会有更高层次的需要，如安全需要、社交需要、尊重需要和自我实现的需要。

这个地产项目的火爆，让这位客人"有些膨胀"。在他看来，他为公司赚了那么多钱，但每个月拿到手的工资勉强养家糊口。指望通过目前这点收入，来满足人生更高层次的需求，显然是不太可能了。

他工作很努力，在国营钢铁厂的时候，只用了3年的时间就做到了车间主任的位置。下海来了深圳这家企业，他用3个月的时间从普通员工做到办公室主任。在他看来，努力付出就应该有回报，否则来深圳和广州干吗？在钢铁厂做他的车间主任岂不是更好？

他对自己的逻辑很自信。他想，是时候向老板提要求涨工资了。老板听着眼前这位下属的要求，频频点头，并对他的贡献给予了充分的肯定，然后断然拒绝了他大幅涨薪的诉求。

他决定自立门户，拉了七八个人，成立了一家名叫"恒大"的房地产开发企业。这位从深圳来的客人，名叫许家印。

一

许家印出生于1958年10月，即"三年困难时期[①]"前夕。他的老家在河南周口市太康县高贤乡。在他出生8个月时，母亲就因病去世了。所以，成名之后的许家印，经常自称"半个孤儿"。

高中毕业后的许家印曾被安排去生产队从事淘粪的工作。这段经历许家印自己未必愿意提起。但经好事的媒体一番渲染之后，反而成了一个感人肺腑的励志案例。

1978年对许家印来说，是人生的转折点。在历经第一次的高考失利之后，许家印最终以周口市第三名的成绩考上了武汉钢铁学院（如今的武汉科技大学），就读冶金系金属材料及热处理专业。25年后，功成名就的许家印被母校聘为管理学院教授和硕士

[①] 1959年，我国粮食产量比1958年下降了15%，1960年的粮食产量继续下降了15%，1961年则维持在1960年的水平。以上数据来自林毅夫《解读中国经济》一书。

研究生导师，之后又被聘为博士生导师。

4年后大学毕业，许家印被分配到河南舞阳钢铁厂。因为他是舞阳钢铁厂第一个分配过来的大学生，所以被领导委以重任，担任钢铁公司轧钢厂下属热处理车间的主任助理。据说，刚上班两个月，他就制定出生产管理300条意见和定量的考核办法。当时的车间主任对他的评价是：人朴实，能吃苦，专业强，很聪明，管理上有一套，善于搞人际关系。

仅用了两年的时间，他就被提拔为车间副主任，第三年又成为车间主任。此后很长时间，尽管他工作成果显著，但也没有得到晋升的机会。他很苦闷，也一直在等待机会。

1992年，邓小平南方谈话引发了一波又一波的"下海潮"。在许家印看来，这是一个机会，他必须抓住，进而找到一个能实现抱负并一展身手的舞台。

自改革开放以来，体制内的员工经历了三四波"下海潮"，每一波"下海潮"都有其时代背景。第一波"下海潮"出现在20世纪80年代，时代背景是我国从计划经济向市场经济转轨。第二波"下海潮"出现在90年代初，时代背景是邓小平南方谈话，加快了改革开放的步伐，提升了民营企业的政治地位。第三波是在2000年前后，时代背景是政府机构改革和人员精减，加入WTO（世界贸易组织）推动了经济快速增长。

一般来说，敢于自我革命，砸碎"铁饭碗"，跨出舒适区的体制内员工，是这个时代的精英。他们有胆有识，有勇有谋，乘着时代的东风，硕果累累。大家耳熟能详的著名企业，如联想、海尔、万科等，就是在第一波"下海潮"中诞生的。

34岁的许家印是一个目标明确、意志坚定的人。这一人格特质从他在舞阳钢铁厂的工作履历中可见一斑。因此，放弃国营钢铁厂车间主任的职位，只身闯荡深圳，对他来说反而是一件顺理成章的事情。

二

王勃在《滕王阁序》中写道：冯唐易老，李广难封。屈贾谊于长沙，非无圣主；窜梁鸿于海曲，岂乏明时？

一个人的成功，除了自身的努力和人格特质外，还要考虑历史的进程。1998年，中国取消福利分房，宣告了商品房时代的来临。成立于1996年的广州恒大，显然踏上了时代的快车道。恒大集团仅用短短八九年的时间便实现年产值规模230多亿元，许家印个人资产高达120亿元。

站在当前的时点回看过去，2008年的国际金融危机对广州恒大来说，其实是一个转折点。这个转折点倒不是说恒大这家企业是从这一年开始走下坡路，而是这一年对恒大之后的发展来说，是至关重要的一年。

喜欢研究生意的人其实能看明白，地产行业本质上是一个金融行业。地产行业的原材料不是土地，而是资本。开发房地产需要大量的资金，企业必须负债经营才能做大做强。企业做大了之后才有规模效应，融资难度才会降低，融资成本才有可能下降。这是其一。

20世纪末至21世纪初的房地产行业，是典型的高景气快速成长的行业。行业里的大部分企业盈利能力强，成长速度快。对企业来说，当"盈利能力强"叠加"成长速度快"的时候，快速扩张和复制就成为必然。但"盈利能力强""成长速度快"和"现金流量好"是"不可能三角"，因此，企业必然选择举债。这是其二。

行业景气度高企时，高负债激进经营的房企是行业的明星，更是股票市场的"当红炸子鸡"。而一旦行业收缩，高杠杆的行业和企业就会面临很大的经营风险。2008年国际金融危机发生时，狂飙突进的恒大地产就已经让自己陷入了资金链断裂的危险局面。在上市无望的情况下，许家印聪明和善于搞人际关系的优势发挥了巨大的作用。

生意场有一个词叫"以事谋人"，意思是通过做事来结识社会上各式各样的人。房地产是大生意，更是一个名利场。项目开盘的时候邀请当红明星助阵和代言算是行业的惯例。恒大地产作为行业的"顶流"，许家印作为公司的董事长，有很多机会接触社会名流和当红明星。以社会名流和当红明星为纽带，他又加入了中国香港资本大鳄"朋友圈"。

生意场还有一个词叫"以人谋事"，意思是通过运作人际关系达到做成某件事的目标。凭借与中国香港资本大鳄的熟络关系，在其协助下，恒大地产有惊无险地解除了资金链断裂的风险。

正所谓，祸兮福之所倚，福兮祸之所伏。表面上，恒大地产凭借许董事长的个人魅力和人际关系，解除了资金危机，安然躲过了2008年国际金融危机的冲击。但是，事后来看，恒大地产并没有从这次危机中吸取经验教训，反而觉得自己无所不能，越发骄横和膨胀。

这为2021年公司危机的全面爆发埋下了伏笔。

三

2009年11月5日，恒大地产在中国香港上市（股票简称"中国恒大"，股票代码：03333.HK）。按持有的股票市值计算，许家印一举成了中国首富。

恒大地产业绩的快速成长，推动了其股票价格的大涨。2016—2017年，中国恒大成为香港交易所的大牛股，股价在一年左右的时间涨了近6倍，公司总市值超过4000亿港元，并入选恒生中国企业指数。在一本名叫《价值投资经典战例之中国恒大》的书里，作者将中国恒大称作"地产行业的华为"。

无论是企业还是个人，当历经一段顺风顺水的美好时光之后，都会认为自己的成功不是靠运气，而是实力使然。不过，很难说，恒大上市之后的多元化策略，是一种试图转型的无奈之举，还是膨胀之后的四处出击。

2010年是中国恒大多元化策略的起始之年。在这一年，恒大注资成立了恒大文化产业集团，并以恒大影城为核心业务。2019年，122家恒大影城全线关停。2013年，中国恒大推出"恒大冰泉"品牌，宣布进军饮用水行业。恒大冰泉推出当年就亏损了20多亿元，3年累计亏损超过40亿元，最后只好以18亿元的价格折价出售。2019年，中国恒大宣布造车，进军新能源汽车领域，并借壳"恒大健康"在中国香港交易所上市。至2020年末，恒大在造车上累计投入将近500亿元，但没有一款电动车实现量产。

曾供职于美国富达基金的著名投资人彼得·林奇曾言，企业多元化的结果往往是多元恶化。搞多元化的企业，成功的案例确实屈指可数。

中国恒大的旗舰产业是地产，是一个高杠杆的资本密集型行业。即便地产行业景气度非常高的时候，这个行业的企业现金流也是非常紧张的。逻辑很简单，房企在一个项目上赚到钱之后，会将资金用于买地，投入下一个项目。它不太可能将太多的闲钱投入类似于造车这种特别耗钱的产业。如果从行业本身的属性和能力圈原则来分析，中国恒大的多元化出击其实是一种"豪赌"。

2016年12月召开的中央经济工作会议明确指出，房子是用来住的，不是用来炒的。"房住不炒"的定位基本形成。2017年可能是中国恒大最辉煌的一年，恒大成了中国头号房企，许家印也凭借2900亿元的身家再次问鼎中国首富。

在商业上取得巨大成功的许家印，也不忘回馈社会。在2020年公布的"胡润慈善榜"中，许家印以28亿元的捐款额，第一次成为"中国首善"。榜单还指出，许家印已连续16年荣登"胡润慈善榜"。

这可能是他最高光的时刻。

但万物皆有周期。2020年8月，中国人民银行和住房城乡建设部推出了重点房企资金监测和融资管理的三档规则，即"三道红线"：房企剔除预收款后的资产负债率不得大于70%；净负债率不得大于100%；房企的现金短债比不得小于1。

中国恒大同踩"三道红线"。从2021年6月开始，中国恒大资金紧张的传闻一个接一个。越来越多的供应商和关联企业发布相关消息，中国恒大所遭受的困难尽人皆知。在中国香港上市的中国恒大的股票价格，也从高点跌去了90%。

四

没有企业的时代，只有时代的企业。

这句话放在恒大身上再恰当不过了。中国恒大能坐上行业的头把交椅，跟它自身的文化基因是密不可分的。这是一种"敢打敢拼、敢冒风险、敢加杠杆"的文化基因。在公司创立20周年的庆典上，许家印曾向员工和外界陈述了公司"第一桶金"的由来："1996年6月，恒大在广州注册成立，我们从零开始，七八个人挤在一所不到100平方米的农房里办公，当时广州已经有

2000多家房地产企业,又赶上亚洲金融危机,面对这样的艰难困境,我们迎难而上。我们开发的第一个楼盘是金碧花园,我们没有钱买地,是从银行贷款500万元付了土地定金。首期我们没有钱开工建设,是靠施工企业带资达到了预售条件。我们为了公司的起步发展,以每平方米2800元的亏本价开盘,开盘当天两个小时抢购一空,实现销售额8000多万元,获得了公司起步发展非常宝贵的第一桶金。"

在行业快速发展期,这种文化基因有助于企业快速成长壮大,而激进的风险和产生的问题容易被掩盖。道理不言自明。如果房子能不断升值,加杠杆所带来的收益总会超过杠杆的资金成本。但在行业衰退期,这种文化基因有可能将企业推向破产的边缘。

许家印和他的经营团队估计都没想到,这个行业怎么就突然急转直下了?2008年那一套处置风险的措施如今怎么就行不通了?如果能在狂飙突进中"踩踩刹车",能坐下来安静地思考,并回归商业的基本逻辑,也没啥想不明白的。

2008年的恒大跟2021年的恒大相比,就其体量来说,根本不可同日而语。2008年的恒大,资金链紧张,拉拢几个财团,只要几个亿或者十几个亿就可以缓解。2021年的恒大,一两万亿元的负债,老天也帮不了。除了尽快将项目推向市场,尽快回笼资金,已经没有别的办法了。但很遗憾,2021年的房地产市场环境之严峻,是2008年那种小波折根本没法相比的。

恒大者，古往今来连绵不断，曰恒；天地万物增益发展，曰大。中国恒大将这句话放到了它的网站上，如今读起来，令人唏嘘不已。

有人说，恒大恒大，大无意义，恒是奢望。恒大最终会走向何处，只有时间才能给出答案。但几乎可以肯定的是，中国恒大要从巨额负债中走出来，重拾曾经的荣耀，是几乎不可能完成的任务了。

五

曾经有人问我，中国恒大走到今天这步田地，责任在于谁？我说，也许没有谁觉得自己要为恒大的今天负责，包括许家印在内。

英国思想家齐格蒙·鲍曼在《现代性与大屠杀》一书中提出了大屠杀发生缘由的洞见。他认为，大屠杀并不是现代文明的反常例外，而恰恰是在机器般理性的现代官僚体系和现代社会中才有可能出现。因为现代官僚体系就像一台庞大的机器（也就是马克斯·韦伯眼中的"现代的铁笼"），每个人像是一个零件，都丧失了对总体目标的责任感和道德感。

在有些人看来，自己作为恒大的员工或高管，不过是填写了一张银行贷款的表格而已，或只不过是签了一个字、一个合同罢了，怎么需要对企业的今天负责呢？然而，正是每一个员工或高管的每一个步骤，组合起来共同造成了恒大今天的局面。因为，作为企业的中国恒大，也是现代官僚体系的一部分，企业的每个人都绑在了恒大这个庞大的铁笼之中。

真实情况就是如此。恒大的困境也为大型组织的运营和管理提供了警示和教训：当一个组织中没有人觉得该为企业的命运负责时，企业其实已经失控了。

◇ 投资人视角

跟本篇的其他三位企业家相比，许家印的人生起点最低。

一个出生在饥荒年代的"半个孤儿"，抓住了时代赋予的良机，一举成长为中国首富。这是小说里才有的故事情节。所以，这样的成功似乎最励志，也最引人注目。

但是，这样的成功也带有野蛮生长的味道。我们从恒大的成长过程中也能看出一些端倪。早期的恒大，一无所有，玩的是"空手套白狼"的游戏：从银行贷款拿地，再用土地抵押贷款搞开发。在行业快速成长期，这种激进的高杠杆发展模式，很快就奠定了恒大在地产行业的江湖地位，也在很短的时间将许家印推向了中国首富的宝座。

当然，这是中国房地产企业的"枭雄"们普遍采取的做法，这也是包括恒大在内的大部分房企快速发展壮大的"秘诀"。但人是有路径依赖的。一个人在通过某种方式获得了巨大成功之后，要让他转变观念和做事的方式方法是很难的。

此外，就像我在文中所说的那样，中国恒大也是现代官僚体系的一部分。在一个如机器般理性的机构中，每个人都像是螺丝钉，合力保证这台机器的正常运转。但这样一来，每个人都丧失了对总体目标的责任感和道德感。

我想，这应该是恒大在同样的错误上一犯再犯的主要原因了。

对投资人而言，路径依赖的现象也随处可见。比如，因为侥幸在某个企业或行业上赚了钱，就对它们产生了明显的偏好。又如，习惯了加杠杆的人，我们很难让他正确认识杠杆的危险。再如，习惯了快进快出、频繁交易的人，很难长期持有一家企业。

我们经常会听到这样的言论：价值投资赚钱太慢，还是投机赚钱快，等我赚到足够的钱之后再考虑做价值投资。首先，这是一种错觉；其次，如果投机可以赚到大钱，为什么绝大多数人要去做投资呢？

毕竟，投机并不违法，对吧？

主要参考资料：

郭宏文、徐亚辉. 恒大许家印：苦难是我珍贵的财富[M]. 北京：台海出版社，2017.

银行家篇
惯看秋月春风

银行家篇
惯看秋月春风

东、西方对银行家的定义略有不同。

在西方，投资银行和商业银行长期混业经营，所以，西方人眼中的银行家一般是指投资银行家，即善于把商业眼光变为商业现实的人。在我们国家，投资银行业务起步较晚，所以大部分人眼中的银行家指的是商业银行的"掌舵人"。

本篇中的银行家们，都在对应的时代留下了自己的人生轨迹，都对所在的时代产生了一定程度的影响。J. P. 摩根虽然只是一个投资银行家，但在美联储还未成立时，他其实充当了美国央行的角色。他在多次的金融危机中挺身而出，尽最大的努力贡献自己的力量。作为投资银行家，他代表着这个行业的良心。

库克和马蔚华代表着银行家的创新精神。库克以革命性公开发行债券的方式为北方政府募集了大额的战争国债，成为左右战争走向的"胜负手"，让世人深刻感受到了资本的力量。马蔚华在银行传统业务上的独辟蹊径，让招商银行的业绩在股份制银行一枝独秀，也让该银行成了名副其实的"零售之王"。

张幼仪代表了一个女性银行家的成长、坚韧和宽容。她让世人知道，原来女性也可以成为一个独当一面的银行家。

他们的人生起点迥然相异，人生结局也自然不同。J. P. 摩根的人生堪称完美，他是投资银行家的"天花板"。张幼仪虽然经历了婚姻打击和丧子之痛，但结局还算不错。一方面，在职业中成就了自我；另一方面，晚年生活还算如意。库克曾经是美国人心中的英雄，但也难以避免在金融危机中走向破产的命运。马蔚华将一个毫不起眼的中小商业银行打造成了一个具有重大影响力的股份制商业银行。招商银行自上市以来，无论是业绩还是股价，都表现亮眼。老马在成就自己的同时，为股东带来了不菲的回报。

银行家离钱近，诱惑确实多。银行是杠杆经营，经营难度确实大。所以，心存敬畏和稳健经营，才有可能让金融从业者走得更远。

银行家篇
惯看秋月春风

一个不算富人的大资本家：J. P. 摩根

他是华尔街的"神经中枢"，在经济危机中力挽狂澜，充当中央银行的角色。他也是摩根财团至为重要的缔造者，是民众眼中的垄断资本家。他还是慈善家，是哈佛大学、纽约大都会艺术博物馆的重要赞助人。1913年去世时，他的遗产大约只有6000万美元以及与这一数目大致相等的艺术收藏品，"石油大亨"洛克菲勒评论道，这点财产甚至不足以让摩根称得上一个富人。

1913年3月31日，意大利罗马，美国华尔街金融大亨J. P. 摩根[①]（下文简称"摩根"）在一座豪华大旅馆去世，终年76岁。

而186年前（1727年）的这一天，"近代物理学之父"、《自然哲学的数学原理》一书的作者艾萨克·牛顿在伦敦于睡梦中辞世。两个相隔近200年的伟人，在同月同日离开了这个世

[①] J. P. 摩根通常是指两位最为著名的摩根，即老J. P. 摩根和小J. P. 摩根。本文中特指老J. P. 摩根，即约翰·皮尔庞特·摩根。

界，也算是冥冥之中的一种巧合。

其实更是一种传承。

如果说亚当·斯密的《国富论》为工业革命提供了理论指导，那么牛顿的力学定律则推动了第一次工业革命的爆发。而摩根所处那个年代，是人类跨过第一次工业革命、踏入第二次工业革命的黄金岁月。摩根自身的财富积累，也说明了浩浩荡荡的"资本为王"的时代正式到来了。

一

摩根出生于美国康涅狄格州哈特福德城一个富有的商人家庭，父亲J.S.摩根是声名显赫的银行家。

摩根上有三个姐姐，下有一个弟弟小朱尼厄斯。不过，小朱尼厄斯才12岁就夭折了。因此，摩根的父亲老朱尼厄斯将他的勃勃雄心全部寄托在了摩根这个唯一幸存的男性继承人身上。

起先，老朱尼厄斯把摩根送进了日内瓦湖畔的一所寄宿学校；之后，又把他送入德国哥廷根大学。在大学生涯中，摩根感受到了同学和朋友间坦坦荡荡的忠诚和友谊，也习得了为人处世之道。

在他人看来，大学期间的摩根是一个时髦的花花公子，圆点花纹的马甲、色彩艳丽的围巾和格子裤是他的最爱。这一切是他父亲老朱尼厄斯的安排，他希望摩根能接受绅士教育。摩根很在意自己的形象，比如他从不参加学生中盛行的决斗，因为怕毁了自己的那张脸。

摩根缺乏耐心、脾气暴躁早就不是什么秘密。有一次，他挽救了一位商人的事业。可就在这位先生感激涕零之际，摩根却粗鲁地打断了对方的话，并说道："够了。今天事务繁忙，没时间听你说这些，再见吧。"气氛一时相当尴尬。

跟某些刻意隐瞒家族背景的企业家不同，摩根从不掩饰自己的良好出身。当别的孩子懵懵懂懂不知该干啥的时候，十五六岁的摩根则跟着他的父亲在英格兰银行把玩价值百万英镑的金条。他曾对当时的纽约州州长（也是之后的美国第22和第24任总统）格罗弗·克利夫兰说："如果我能在人生的舞台上取得成功，我把这归功于我父亲的朋友们的支持。"

摩根对商业的热爱在他还小的时候就一览无余。12岁的时候，他跟表兄弟组织了一场西洋片的展览，他精确地记录了所有的费用和门票收入，并整理出一张资产负债表。

摩根年纪轻轻就在商场上展示了过人的商业嗅觉和冒险精神。在邓肯商行实习期间，因为原买家破产，他以当时市价一半的价格买下了一整船咖啡，之后因为巴西咖啡大幅减产、国际咖啡价格猛涨，赚到了人生的第一桶金。

南北战争时期，他的摩根商行先是因为大量下注黄金大赚了一笔。之后，他承担了4亿美元国债一半（2亿美元）的承销任务，并奇迹般地完成了任务，成为美国的民族英雄。1871年，摩根财团承购了5000万美元的法国国债。在当时，5000万美元是一个天文数字。

在父亲的建议下，摩根将华尔街的其他几家大的金融机构进行融合，成立了国债承购组织。如今，投行之间"联合承销"是一个再正常不过的举措了，但在150年前，那绝对是一个脑洞大开的奇思妙想。之后，摩根财团还参与了墨西哥公债和英国债券的承销，一方面攫取了高额的利润，另一方面以救世主的形象展示于世人，真正达到了名利双收的目的。

就他留给世人的金融遗产来说，从以他名字命名的摩根士丹利和摩根大通，到伯灵顿北方圣太菲铁路运输公司、美国钢铁公司和通用电气，这些企业仍然是令人瞩目的存在。

二

说到通用电气，就不得不提摩根的一段"黑历史"。

作为成功企业家，父亲一直教导摩根应该尽量避免承担过高的投资风险，也不要投资未被证明的新领域和新行业。一般来说，新行业因为技术不够成熟，需要投入大量的资本，很难为股东创造很好的回报。

父亲的话当然没什么错，商业的世界本来就是如此残酷。但父亲的影响力越大，摩根感受到的压力也就越大。有时候，父母的光环对孩子而言，可能是一种压力，而不是一种荣耀。

多年来，摩根一直生活在父亲的阴影之下。可是，"石油大亨"洛克菲勒和"钢铁大王"卡内基白手起家的光辉历程给了他信心和勇气。摩根决定建立自己的实业公司,并向世人证明,自己也能获得商业上的巨大成功。

为了达到这个目标,摩根将目光和精力集中在著名的发明家托马斯·爱迪生身上。1879年,32岁的爱迪生拿出了此生最伟大的发明——电灯。①

就像火和车轮一样,电灯也将改变人类的生活。摩根显然看到了这项新技术的潜能,意识到自己创造巨大财富的机会已经到来了。摩根的私人住宅很快就被改造成了爱迪生的"实验室"。爱迪生首先在一间小屋安装了一台发电机,之后又在房间的墙壁和天花板走了几千英尺的电线,在把400个电灯安装到位之后,成功地将它们全部点亮。

实验成功后,摩根希望能尽快将电灯商业化并推广到全国。他和爱迪生让工人们挖出超过15英里的坑网,并将10万英尺的粗铜线埋入其中。这种前瞻性的布局,使得爱迪生的发电站同美国纽约的数百个家庭住宅和商用建筑相连,爱迪生的电网一时成了美国电力传输的典范。不久,爱迪生的电网就布满了半个曼哈顿,电灯排在街道两旁,纽约的无数家庭夜晚时分都闪耀着电光。

对"石油大亨"洛克菲勒来说,摩根和爱迪生对电灯的全面推广,无疑会对自己的煤油生意造成巨大冲击。因为爱迪生的电

---

① 关于"电灯的发明人是谁"这个问题,答案并非毫无争议。

网每增加一户家庭，就意味着洛克菲勒将失去一位客户。电灯的出现，本质上就是对传统煤油能源的替代。

受到冲击的洛克菲勒奋起反击，发起了一系列针对电能的公关宣传攻势，且将主要矛头对准了电力这项新技术的安全性上。洛克菲勒对外宣称，电力有可能导致大规模的触电身亡和难以控制的火灾。他心里很清楚，只要能吓坏公众，煤油就可以继续维持照明领域的统治地位，他的目的也就达到了。

与此同时，爱迪生实验室的学徒尼古拉·特斯拉发明的一种新的电力形式——交流电，也对爱迪生推广的直流电造成了冲击。不想与交流电正面交锋的爱迪生用尽了各种肮脏手段，试图败坏交流电的名声。比如，用交流电电死小动物。又如，贿赂政府官员，将死刑由绞刑改为交流电电刑，试图让大家看清交流电的危险。

但洛克菲勒抹黑电能的公关宣传没能得逞。交流电技术确实比直流电更先进，先进替代落后，这是历史的必然。爱迪生最终败给了自己的学徒特斯拉；而摩根，也在电力竞争中输给了特斯拉背后的老板乔治·威斯汀豪斯。

摩根并不打算坐以待毙。他开始动用不公平的竞争手段，迫使威斯汀豪斯和他打一起代价数百万美元的官司。摩根心里清楚，打这场官司所需的资金会直接让威斯汀豪斯破产。威斯汀豪斯已别无选择，只能屈从摩根的要求，把手中的交流电专利转让给了摩根。

拿到交流电专利的摩根，持续买入爱迪生电气公司的股票，在成功实现对公司的完全控制后，将爱迪生从公司踢出去，并将公司改名为"通用电气"。

这段历史并不光彩。不过通用电气在日后的发展顺风顺水，一举成为美国较大的公司之一，摩根也成了行业中无可争议的领袖。之后，经过多年的努力，摩根在全美建立了众多发电站，第一次将电力普及普通家庭。

三

摩根的个人史如果只是一部精明的发家史，显然就没有大书特书的意义和必要。

作为华尔街大银行家，他之所以能被世人永远铭记，就在于他身体力行地为这个世界、为美国资本市场贡献了自己的力量，这也是他在美国金融史上占据重要地位的原因。

1895年，因为黄金的大量流出，以"金本位"为基础的美国货币体系面临崩溃。时任美国总统格罗弗·克利夫兰想说服国会，授权再次发行国债来补充储备，但被拒绝了。一年前，华尔街投资银行已经多次为财政部承销黄金债券，财政部试图用出售债券获得的资金使国库中的黄金储备回涨。但很遗憾，每一次的回补，根本无法对冲黄金从国库中持续流出。整个国家弥漫着对黄金持续流出的恐慌。所以，国会拒绝总统的提议，也不是没有理由的。因为谁也无法保证，过去被持续证明无效的策略，在下一次就能发挥作用。

格罗弗·克利夫兰只好向摩根求助。摩根也一直关注事态的发展。他向克利夫兰总统承诺:"我们愿意尽我们所能来避免这场灾难。"摩根提出的方案是:一方面,由他牵头去欧洲筹集1亿美元的黄金储备,并以此阻止国库黄金的持续外流;另一方面,拿出撒手锏,允许财政部在紧急情况下直接用债券购买黄金。

摩根承诺,短期之内,筹集的黄金储备不会流回欧洲。在当时,这种承诺完全是自作主张,他没有跟任何人商量过。此外,他还采取了各种措施,包括套利,以及从伦敦拆借英镑,然后将其在纽约市场出售来支持美元等。直到1895年6月,美国国库的黄金储备终于稳稳地站在了1亿美元的上方,黄金持续流出的恐慌才算得到了缓解。

摩根对美元的救援带来了美国经济新一轮的复苏。尽管有一些批评意见,但总体而言,赞誉之声占压倒性优势。当时的《纽约时报》写道:"金融界对摩根在此次融资过程中表现出来的高超技巧给予了高度的评价。"

1907年,美国金融市场再一次因为贵金属(金属铜)的"坐庄"事件爆仓,导致大量银行相互"挤兑"。摩根再度联合华尔街的银行家们出手,保证了资本市场的流动性,从而避免了金融市场的崩盘。

银行家篇
惯看秋月春风

从"梧桐树协议①"开始，美国金融危机时有发生。其中，19世纪下半叶就发生了好几次大的危机，如1857年、1873年和1893年的金融恐慌。因为缺少最终贷款人（这个角色如今由美联储即美国央行承担），一旦发生金融恐慌，市场流动性将面临枯竭，进一步加剧市场的恐慌，从而陷入"死亡循环"。不过，跟之前几次金融危机不太一样的是，1907年的金融恐慌在刚刚发生的时候就被遏制住了，并没有像以前那样导致经济大萧条。

摩根在平抑金融恐慌中起了决定性作用，获得了非凡的成功，赞誉之词也纷至沓来。他的合伙人曾评价道，在他了解的历史中，从来没有一位将军在指挥一场战斗时，表现得比摩根先生更加睿智和勇敢。

一向对华尔街巨头们深恶痛绝的西奥多·罗斯福总统，此时也坦言："这些具有传统美德的商人，在这场危机中的表现，充满了智慧和公众精神。"

有意思的是，几乎同处一个时代的上海首富徐润，却在1883年金融危机中，因为资本市场的大幅下跌而破产。徐润的人生经历，跟摩根还是有几分相似的。如果徐润没有破产，他很有可能会被视为"中国的J.P.摩根"，被世人铭记。

---

① 这是美国24名经纪人于1792年5月17日在华尔街的一棵梧桐树下聚会商定的一项协议，约定每日在梧桐树下聚会从事证券交易，并制定了交易佣金的最低标准及其他交易条款。这是纽约证券交易所的开端。

四

两次出手金融危机，以及长期以来对慈善活动的热衷，几乎花光了摩根的财富。当人们发现他的所有财产只有约6000万美元（另有与这个金额大致相等的收藏品）时，所有人都震惊了。在洛克菲勒看来，这点财产甚至不足以让摩根称得上一个"富人"。

即便自己的安身之处，摩根原则上也不会把它建造得富丽堂皇。他对房地产生意几乎没有什么兴趣，而房地产在他那个时代，却给许多人带来了大笔财富。

摩根曾言，活着只需要一个住处，死后只要墓地里的一块坟地。他没有规模宏大的房产，只拥有麦迪逊大街一幢朴实的市内住宅和哈得孙河畔的克莱格斯顿度假村。至于纽约州北部的阿迪朗达克山里的安卡思营地，只不过是别人的抵债之物，算是偶然所得。

对了，在摩根去世的同一年，美联储在美国国会的立法批准下宣告成立。这意味着属于摩根的时代彻底结束，也意味着类似摩根这种"挽狂澜于既倒，扶大厦之将倾"的英雄人物彻底退出了历史舞台。

◇ **投资人视角**

作为投资银行家"天花板"的摩根，其人生履历堪称完美。

银行家篇
惯看秋月春风

他力挽狂澜,屡次在金融危机中挺身而出。在美联储未成立时,他扮演着美国中央银行的角色。对一个投资银行家来说,这显然远远超出了他的职责范围。

但他仍然义无反顾。如果这都不能解释为出于对这个国家的热爱,那应该怎么解读呢?此外,他还有一段"资本外交"的经历,在本文没有提及[①]。但就是这么一个完美之人,也有一段不堪回首的"黑历史"。我们应该去接受人生中的不完美,而不是揪住错误不放,因为不完美的人生才是真实的人生。

投资也是如此。

作为投资人,我们深知,投资中犯错是必然的。比如,我们一定有看错企业的时候。强如沃伦·巴菲特,也在他几十年的投资生涯中犯下了诸多大错。比如,对伯克希尔-哈撒韦、德克斯特鞋业、美国航空等企业的投资,不但让他损失惨重,事后看,有些投资甚至违背了他为自己设定的投资原则。

投资是对企业的未来进行判断,但未来是不确定的。我们能做的,就是在胜率较高的优质企业上下注,而不是指望在每个企业上都赚到钱。但有些人就是喜欢跟自己较劲,比如,在某个企业上亏了钱,就非得在这个企业上赚回来不可。

美其名曰,在哪里跌倒,就在哪里爬起来。

这完全没有必要。

---

① 详见《摩根财团:美国一代银行王朝和现代金融业的崛起(1838—1990)》一书。

主要参考资料:

[1] 约翰·S.戈登. 伟大的博弈:华尔街金融帝国的崛起（1653—2011）珍藏版[M]. 祁斌,译. 北京:中信出版集团,2011.

[2] 罗恩·彻诺. 摩根财团:美国一代银行王朝和现代金融业的崛起（1838—1990）[M]. 金立群,译. 上海:文汇出版社,2017.

银行家篇
惯看秋月春风

左右战争走向的华尔街"胜负手"：杰·库克

美国南北战争期间，他以革命性地发行债券的方式为北方政府募集了大额的战争国债，成为左右战争走向的"胜负手"。1873年，他的银行倒闭也造成了华尔街的大恐慌。

在承平日久的年代，资本主要用于扩大再生产。我们不会想到，在战争年代，它还能成为左右胜负的关键因素。

俗话说："钱不是万能的，但没有钱是万万不能的。"在战争年代，资本与氧气无异。《孙子兵法》有云："凡用兵之法，驰车千驷，革车千乘，带甲十万，千里馈粮。则内外之费，宾客之用，胶漆之材，车甲之奉，日费千金，然后十万之师举矣。"

意思是说，只要兴兵作战，必然需要出动轻型战车千辆，辎重车千辆，带甲兵士十数万，并且需要千里迢迢运送粮草。这样一来必然花费巨大，前方后方的各种开支，招待宾客策士的费用，物资器材，战车、甲胄的供给等，每天至少要耗费千金，之后十万大军才可以出兵作战。

由此可见，战争的耗费是巨大的。据说，在古代战场，要将一百斤粮食送到千里之外的前线，大概需要付出两千斤粮食的成本。即"千里之外运粮，得二十人奉一人"。

这两千斤粮食是怎么回事呢？是被送粮的兵士吃掉了，且来回各吃掉一千斤。所以，整部《孙子兵法》，核心思想是不战、慎战和速战，而不是战争的技巧。

作为一个弹丸小国，日本胆敢发动全面侵华战争，显然是背后的工业化给了它胆量。1941年，在日军偷袭珍珠港之前，日本军部的部分军官是反对向美国宣战的，其中就包括山本五十六。这位哈佛大学毕业的高才生对美国强大的工业化生产能力心知肚明。

因此，当成功偷袭的消息传来，整个指挥室在疯狂庆祝之时，山本五十六并没有显露丝毫的兴奋之情。他甚至提醒他的同僚，不要高兴得太早，"我们只不过唤醒了一个巨人而已"。

果不其然，美国尽管在珍珠港事件中遭受了沉重的打击，但凭借它强大的工业生产制造能力，其整体军事实力很快就得到了恢复。

一

杰·库克在美国俄亥俄州长大，长期定居费城。他的父亲是一位律师兼国会议员。

南北战争爆发时，库克还是一个非常年轻的银行家，开了一家以自己名字命名的私人银行。南北战争的全面爆发，给战争双方都带来了极大的财政困难。战争的耗费当然是巨大的。

1860年12月，北方联邦政府平均每天的支出不到20万美元；但是到了1861年初夏，当战争全面打响的时候，联邦政府每天费用支出高达100万美元；到了年末，更是飙升至150万美元。对战争双方来说，筹集战争费用迫在眉睫。

当时的联邦政府财政部长切斯，算是跟华尔街打交道经验丰富的人。他率先来到了华尔街，通过发债筹集了5000万美元的资金。但他也明白，这点钱，恐怕并不能支撑多久。他迫切地需要更多的金主、更多的承销机构和更好的筹资方式。

当时，陪伴部长去华尔街筹款的正是库克，而库克的父亲是国会议员，跟切斯又是老相识。于是，凭借父亲跟财政部长的良好关系，年轻的库克就顺理成章地成了一系列战争国债的承销人。

一般来讲，在金融体系和金融市场建立之前，战争钱款的筹集主要依赖于税收。金融体系完善之后，又多了两条路径：一个是印钞，另一个是发债。印钞的最大问题是容易导致恶性通胀，一旦真的到了发生恶性通胀的地步，老百姓的生活将陷入万劫不复之地，这将进一步导致政治秩序的混乱。比如，中国在20世纪40年代的内战时期，国民党对通胀管理的失败显然是加速了这个政党的全面垮台。

发行战争国债，显然是一个比收税更好的筹资方案。虽然还债最终也靠税收，但在老百姓眼里，收税是一个零和博弈。政府拿走的多了，留给老百姓的就少了。税收带有强制性，而债券的购买是自愿原则，并且有利息回报。因此，从激励机制的角度分析，通过发行国债来筹集战争钱款确实有它独特的优势。

但是，在库克之前，投行是采用私下向银行或经纪商出售债券的方式（私募发行）来筹集战争钱款。私募发行覆盖面窄，主要面向一些机构或富有群体，这些人的讨价还价能力显然要比大部分民众强。这样一来，私募发行的缺陷就一览无余了：首先，融资成本高；其次，筹资规模小；最后，筹钱速度慢。

库克一改以往的私募发行模式，把目光投向了基数庞大的普通民众。一方面，他将战争国债的面额降低，让低收入人群也能买得起。另一方面，他充分借助民众的爱国情绪，把认购战争国债上升到爱国的高度。

库克公开发行战争债券的效果立竿见影。他的筹资速度远远超过了北方政府为战争花钱的速度。相较于北方政府的公募债券融资，南方政府的印钱模式带来了严重的弊病。

其实，对南方政府来说，这也是无可奈何之举。因为他们既没有完善的金融体系，也没有证券交易所。不断印钱的后果就是，跟战前相比，南方政府的通货膨胀率高达9000%。很显然，没有一个政府能扛住如此高的恶性通胀。因此，南方政府放弃抵抗就成了更好的选择。

库克公募发行债券的方式，吸引了大量的资金和债券投资人进入金融市场，债券市场开始形成牛市，并带动股票市场的活跃度。几乎就是从这个时刻开始,华尔街进入了一轮大牛市。

二

1990年11月26日,上海证券交易所(以下简称"上交所")正式成立。同年12月1日,深圳证券交易所(以下简称"深交所")成立。上交所和深交所开业至今,不过短短30年出头,中国资本市场已经成为全球第二大资本市场。

资本市场是人性的"照妖镜"和"pH试纸",人性的缺陷会在资本市场一览无余,被无限放大。恐惧和贪婪,会在这个地方轮番上演。实事求是地讲,任何国家的资本市场在发展的过程中都会存在这样或那样的问题,一个快速发展的中国资本市场当然也不例外。比如,一些出于保护中小投资者的举措,并不能很好地起到保护中小投资者的作用。

但总体而言,中国资本市场是一个监管严格、信息披露公开透明、流动性充裕和交易成本低廉的市场。有经济学家曾批评中国的资本市场连赌场都不如,这显然是失之偏颇的。

美国的资本市场从"梧桐树协议"到2022年,刚好230年[①]。今天的我们,估计很难想象19世纪中期美国政府的腐败和美国资本市场的乱象。由于证券法律法规的缺失,资本市场兴风作浪的庄家、投机客几乎无一例外地豢养和控制着忠于自己的法官,他

---

① "梧桐树协议"生效于1792年5月17日,是纽约证券交易所的开端。

们可以利用法官手中的权力操纵股价。

约翰·戈登曾说,这个时期的美国资本市场,投机客之间的博弈,已经演变成了立法官员竞相订立和随意篡改股市交易规则的游戏,而博弈的结果,主要取决于立法官员们侵害公权的无耻程度和技巧高下[①]。

在这样的时代背景下,美国的资本市场历经了"运河投机热""铁路投机热"和"黄金投机热"。尽管一度热闹无比,但也凶险可怕。如果将这期间的美国资本投机战拍成一部电影,应该比谍战片还要精彩百倍。

三

历史当然不会忘记英雄,更何况是一个为战争胜利一方成功筹款的英雄。

即便在美国,华尔街也被认为是邪恶与危险的象征,但库克"联邦救星"和"爱国主义"的名号让华尔街有了温情的一面。库克因为帮助联邦政府成功发行了战争债券,成了当时最负盛名的银行家。

南北战争结束后,库克在政、商界依然享有很高的声誉,且仍然在政府债券市场拥有较大的市场份额。但一场资本市场的狂风暴雨正席卷而来,以他名字命名的库克银行,也在1873年的股

---

① 详见《伟大的博弈:华尔街金融帝国的崛起(1653—2011)珍藏版》一书第六章。

市大恐慌中破产了。

让他陷入泥潭的是北太平洋铁路。正所谓，太阳底下无新鲜事。如今的A股市场特别流行一个词，叫"赛道投资"。所谓"赛道投资"，它一般有两个特点：首先，这个行业是一个热门的行业，如有政策扶持的高科技新兴行业；其次，这个行业是一个快速成长的行业，因为市场参与者普遍预期行业的高成长可以持续，所以整个行业的估值水平都不低。

坦白讲，如今的"赛道投资"，如新能源、半导体，其狂热程度跟过去相比，简直是小巫见大巫。美国资本市场的投机狂潮，经历了"运河热""铁路热""电报热""汽车热"等。投资者的疯狂程度，可能丝毫不亚于17世纪的荷兰郁金香泡沫和18世纪的英国南海泡沫以及法国密西西比泡沫。

很多人知道美国资本史上的投机客如范德比尔特、德鲁等人的名字，主要也是因为美国的"铁路投机热"。在铁路投机狂潮中，库克拥有了几条铁路的股权，但最让他头疼的是北太平洋铁路的股权。之所以头疼，说白了就是缺钱，因为铁路的修建投入是一个无底洞。

刚开始，库克按照之前为联邦政府筹集战争债券的模式筹集了一部分铁路债券资金。但1873年股市大崩盘的来临，彻底切断了他的资金来源。库克发现，一夜之间，这个资本市场的融资环境发生了天翻地覆的变化。每次重大金融危机的发生，其实都有一个相同的特点，那就是流动性的枯竭。

市场的大跌导致了公众的恐慌，恐慌中卖出债券的人越多，买入的人就越少。这将导致进一步的恐慌，引发更多的抛售潮。这种时候，往往只有卖盘，而没有买盘。在这样的金融环境下，对于严重缺乏资金的库克和他的库克银行来说，是一个致命的打击。

那一刻终于到来了。库克银行纽约支行宣布暂停营业，这就像压倒大象的最后一根稻草。没过多久，位于费城的库克银行总部也被迫宣布暂停营业。

这样一来，美国当时最显赫的银行破产了。

四

在时代的浪潮中，库克职业生涯的前半部分可谓光芒四射，后半部分却是黯然离场，令人唏嘘不已。

罗翔在他的《法治的细节》一书中写道，所谓智慧，其实是一种否定性智慧，即承认自己的无知，接受理性的有限。资本市场的凶险程度丝毫不亚于有硝烟的战场，要在这个市场幸存，理性和坚守底线就显得尤为重要。

库克后半部分的人生经历，其实也不新鲜，每时每刻都在这个资本市场上演。

首先是对杠杆的滥用。杠杆从来不会提高投资的胜率，它改变的是赔率，即赚的时候盆满钵满，赔的时候倾家荡产。就像巴菲特说的那样，如果一个人的投资水平很高，他根本不需要杠杆。如果他的水平很烂，他更不应该用杠杆。

其次是违背了能力圈的原则。库克是发行债券的专家，发行债券是他的能力圈。但他不懂铁路，对修建铁路的开销和支出并没有做到胸有成竹。

作为普通人，无论是生活还是投资，我们都不需要懂太多。但如果我们知道自己的能力圈边界在哪里，保持理性并相信常识，我们就可以少踩很多的坑、少碰很多的壁。

◇ **投资人视角**

库克是一位为战争胜利一方成功筹款的英雄。他对融资方式进行了创新，成为左右战争动向的"胜负手"。他让世人知道，战争，实际上比拼的是经济实力。资本，远比飞机、坦克和枪炮重要得多。

但他在铁路上的投资，让自己陷入了破产的境地。这世上没有人是全知全能的天才，包括库克在内。他可以是融资方面的天才，但在投资领域，他是一个没有形成自己核心竞争力的"菜鸟"。

在投资生涯中，我们碰到过很多大牛股，但又有多少大牛股是我们抓住了的？坦白讲，很少。主要原因就在于，我们的能力圈不够大，有些生意我们就是看不懂。

当然，我们说的"看不懂"，并不是说看不懂企业的商业模式、财务报表或产品的生产流程等，而是说我们无法判定企业未来到底会怎么样。如果一个投资人无法判定企业未来是否比现在更好，是否能赚到更多的钱，那他就无法弄清楚企业的"价值锚"到底在哪里。很多人做生意都会规避那些自己没有优势的领域，而潜心于自己熟悉和擅长的行业。但一进入资本市场，就完全把这个原则忘得一干二净。

作为投资人，我们之所以形成了偏消费的投资风格，在于：一方面，消费（尤其是品牌消费）是一个"厚雪长坡"的行业，需求比较稳定，周期性比较弱，且业绩的可预测性比较强；另一方面，消费行业的研究难度比较小。

投资不是难度大赛。如果把研究难度大的行业和公司比作七尺跨栏，把研究难度较小的行业比作一尺跨栏，那么很显然，较之于七尺跨栏，我们更愿意选择难度更小的一尺跨栏。

示弱、"认怂"，其实也是一种投资智慧。

主要参考资料：

约翰·S.戈登.伟大的博弈：华尔街金融帝国的崛起（1653—2011）珍藏版[M].祁斌，译.北京：中信出版集团，2011.

银行家篇
惯看秋月春风

从弃妇到女银行家的蜕变：张幼仪

她是著名诗人徐志摩的前妻，因父母之命、媒妁之言，跟徐志摩有过一段短暂的婚姻。她深受中国传统道德观念影响，个性沉默坚毅，举止端庄，却是大诗人眼中的"土包子"。离婚和丧子并没有将她击倒，反而将她淬炼成一位令人敬仰的企业家和银行家。她就是张幼仪，一位让人肃然起敬的"彪悍"女性。

1954年，一位失婚已32年、客居中国香港的54岁妇人写信给儿子："儿在美国，我在香港，母拟出嫁，儿意如何？"

儿子的回信飞快来到，令人动容："母孀居守节，逾三十年，生我抚我，鞠我育我，劬劳之恩，昊天罔极，母职已尽，母心宜慰，谁慰母氏？谁伴母氏？母如得人，儿请父事。"

这位妇人遂嫁予苏姓医生。此妇人就是诗人徐志摩的前妻张幼仪，回信的则是她的儿子徐积锴。

一

张幼仪出生于江苏宝山[①],祖父是清朝知县,父亲张祖泽是当时宝山县巨富。张祖泽共有八子四女,张幼仪排行第八,为其次女。

张幼仪是大家闺秀,从小饱读诗书。1912年7月,江苏都督程德全在苏州创立江苏省立苏州第二女子师范学校,12岁的张幼仪在二哥张君劢和四哥张嘉璈的帮助下到该校读书。该校首任校长杨达权[②]重视女性教育,张幼仪在此接触了先进教育。但3年后,尚未结业的张幼仪就被接回家成亲了,替她做媒的正是她的四哥张嘉璈。

张嘉璈时任浙江都督朱瑞的秘书,在巡视学校时他发现杭州一中有一位才华横溢的学生,名叫徐志摩。徐家是江南富商。徐志摩的父亲徐申如,人称"硖石巨子",是硖石商会会长,拥有一座发电厂、一家梅酱厂、一家丝绸庄,在上海还有一家小

---

① 现为上海市宝山区。

② 原名陈嵩如,婚后从夫姓易名,江苏泰州人。清光绪末年考入上海务本女子中学,1912年毕业后留校任教。同年由黄炎培推荐,任江苏省立苏州第二女子师范学校校长。1915年,她与王谢长达等发起组织女子公益团,积极参与社会公益活动。她从1912年建校起,到1927年主持校政共15年,是苏州教育史上第一位中等学校女校长。新中国成立后,她受聘为江苏省文史馆馆员,1966年4月病逝于苏州。

钱庄。

与有着庞大政治、经济地位的张家联姻，对徐志摩的父亲徐申如来说求之不得。于是，及笄之年①的张幼仪辍学嫁到浙江做了少奶奶。对这桩婚事，当事人徐志摩的态度是："媒妁之命，受之于父母。"

若论对年代的痴迷，民国可能是一个最受当代年轻人喜爱的历史时期。这个年代离我们不太遥远，同时，它孕育了很多的新思想，诞生了很多大学问家，产生了许多让人津津乐道的逸闻趣事。

但民国也是一个动荡的年代，整个国家面临着几千年之大动乱，思想也面临前所未有之大改变。西方思想大量涌入国内，许多有学之士，开始摒弃原有的老一套思想，为了摆脱旧时代的束缚，去学习新文化。譬如，学习西方新式婚礼，主张婚姻自由。

当时的徐志摩，显然算是一位有识之士，他对封建婚姻显然是发自内心抵触的。在他看来，婚姻是浪漫的、美好的。但眼前的这位，显然不是他想要的。据说，第一次见到张幼仪的照片时，徐志摩便嘴角往下一撇，用嫌弃的口吻说道："乡下土包子！"

实事求是地讲，徐志摩用"乡下土包子"来形容张幼仪，显然是不合适的。在20世纪初期，张家绝对算是声势显赫的望族。

---

① 指女子满了15岁，形容古代女子已到了结婚的年龄。

首先，张幼仪的祖父为清朝知县，父亲则是宝山县巨富。其次，张幼仪兄弟姐妹12人，最终有一半成了上海滩乃至现代中国的知名人士。

二哥张君劢，早年在日本、德国学习法律，回国后创办了社会党；抗日战争期间，和黄炎培等人组织了中国民主同盟；抗战后，被推荐为民社党主席；1946年担任政治协商会议代表，主持起草了《中华民国宪法》，被尊称为"中华民国宪法之父"。

四哥张嘉璈，10岁以前在家里读私塾，后来进入江南制造局的广方言馆学外语，1906年赴日本留学，在东京庆应大学攻读经济学。1914年，年仅28岁的张嘉璈出任中国银行上海分行副经理，1916年被提升为总行副总裁，1928年任中国银行总经理。他在现代金融史上留下了浓墨重彩的一笔。

八弟张禹九，是20世纪30年代新月派诗人。至于张幼仪，是中国第一家女子银行——中国女子商业储蓄银行的副总裁，还是上海南京路上著名的"云裳"服装店的老板。当然，这是后话了。

婚后的徐志摩，从来没有正眼看过张幼仪。除履行婚姻的基本义务之外，徐志摩对张幼仪就像是陌生人般不理不睬。就连履行婚姻义务这种事，也只是为了满足他父母抱孙子的愿望罢了。

徐志摩对张幼仪的漠视，源于对封建礼教的厌恶。张幼仪深受中国传统道德观念的影响，是一个名副其实的旧式女子。对旧式女子而言，除了琴棋书画的学习，便是孝道的条条训诫最为重要。女子未出阁的时候，要以父母为天，当出嫁从夫后，对待丈夫、公婆要恭敬伺候，不遗余力。这些训诫深深地刻在她的生命里，即便在多年后世事变迁，她依然没有背弃。

无论是豆蔻年华，还是摽梅之年[①]，张幼仪在长辈面前永远是一个恭谨的晚辈。她性格温顺，知书达理，行为谨慎，善于察言观色，是一个典型的大家闺秀。对她来讲，这就是中华民族的传统美德。

正所谓，汝之蜜糖，彼之砒霜。这些优点，在诗人徐志摩眼里，却是没有见识和呆板乏味。1918年，长子徐积锴出生，徐志摩觉得自己的婚姻义务已了，没过多久就独自一人出国留学去了。

二

两年后，在英国留学的徐志摩收到张幼仪二哥张君劢的信，被迫将张幼仪接到自己身边。

张幼仪对当年抵达英国时的情景记忆犹新，她已经察觉了丈夫对自己的到来并不欢喜。"我斜倚着尾甲板，不耐烦地等着上岸，然后看到徐志摩站在东张西望的人群里。就在这时候，我的心凉了一大截。他穿着一件瘦长的黑色毛大衣，脖子上围了条白丝巾。虽然我从没看过他穿西装的样子。可是我晓得那是他。他

---

① 出自《诗经·召南·摽有梅》，比喻女子已到了出嫁的年龄。

的态度我一眼就看得出来,不会搞错的,因为他是那堆接船的人当中唯一露出不想到那儿表情的人。"

她当然没有想到,此时的徐志摩在英国已经结识了才女林徽因。林徽因被徐志摩的才气和英俊的外表吸引,徐志摩也沉醉于林徽因的美貌和才华无法自拔。张幼仪的到来,虽然一度让徐志摩心虚和愧疚,但他仍然选择继续迷失在林徽因的浪漫情怀中,甚至产生了离婚的想法。

不久,张幼仪又怀孕了,虽然察觉丈夫可能外面有人,但是怀孕这事让她看到了两个人婚姻的希望。在开心地告诉徐志摩后,徐志摩却告诉她:"把孩子打掉吧。"张幼仪说:"有人因为打胎而死。"徐志摩不耐烦地说道:"有人因为坐火车死掉,难道就没有人坐火车了吗?"张幼仪对此伤心欲绝。

几天后,徐志摩便抛下张幼仪出走,并请人带口信给张幼仪,表达离婚的意愿。绝望的张幼仪一气之下离开了伤心地英国,投奔正在法国巴黎读书的二哥张君劢。1922年初,张幼仪又随路过巴黎前往德国读书的七弟到柏林待产。1922年2月,张幼仪在生下次子彼得后,随即毅然地与徐志摩在柏林签字离婚。

据说,这是中国历史上依据民法裁定的第一桩西式文明离婚案。

离婚后,张幼仪进入裴斯塔洛齐学院攻读幼儿教育。1925年,张幼仪在德国痛失爱子彼得。1926年夏,张幼仪被八弟张禹九接回上海,不久,她又带长子徐积锴去北京读书,直到张母去世之后,她才携子回到上海。

三

如果将张幼仪的人生分为两个阶段,那么,1922年无疑是一个极其关键的时间节点。在1922年以前,她是一个深受中国传统道德观念影响的封建女性。她相夫教子,是徐志摩的原配夫人,是大诗人背后的女人。

而就在这一年,她跟徐志摩正式解除了婚姻关系。离婚,对一个人的打击是不言而喻的,尤其是在人言可畏的封建社会。在那个年代,女人被离婚,大部分时候是爱说闲话、不守妇道等原因。一旦被离婚,娘家也不是收容院和避难所。虽然张幼仪的离婚不是她的错,但在旁人看来,张幼仪是被徐志摩抛弃了,是一个可怜的弃妇。

但是,如果这个名存实亡的婚姻给当事人带来了巨大的长期痛苦,那么解除婚姻关系,可能就是一种解脱。当安徒生笔下的丑小鸭一边怒吼着"请你们弄死我吧",一边无所畏惧地冲向那一群白天鹅的时候,它已经完成了涅槃,已经变成了它想成为的白天鹅中的一员。

当张幼仪挣破婚姻的牢笼、变得无所畏惧的时候,她已经跟传统的封建女性身份道别了。虽然有阵痛和压力,但她已经别无选择。往好的方面看,她将开启自己的新生活。

她很清楚,目前的她已经别无所依,只能靠自己了。她起初在东吴大学找了一个教德语的工作维持生计。几年的海外漂泊，总的来说，是痛苦远远多于快乐。她在海外失去了她的婚姻和第二个孩子彼得，对一个女性来说，这是切肤之痛。但人往往又具有反脆弱性[①]，只要自己不想倒下，那些磨难只会让自己变得更刚强。

更何况，时间也是可以用来疗伤的。

在异国他乡，她发愤图强，努力学习外语，最后终于克服了语言关，说得一口标准流利的德语，并拿到了德国裴斯塔洛齐学院的幼师文凭。她之前不会想到，有一天，她的所学竟然派上了用场，可以用来维持她和孩子的生计。不过，她也明白，靠这点工资，要让自己和孩子过上体面的生活，那是不可能的。

她想到了创业。

关于她创立"云裳"服装品牌的过程，有好几个版本。但这几个版本都与一个人有关。没错，就是张幼仪的前夫徐志摩。张幼仪对服装品牌的定位是很清晰的，那就是走高端时尚定制路线。一个"土包子"，要跨入服装界，意图引领时尚潮流，那简直就是天方夜谭。

不过，在张幼仪看来，只要肯学习，就没有学不会的，哪怕

---

① "反脆弱性"一词出自著名风险投资大师纳西姆·尼古拉斯·塔勒布所著《反脆弱：从不确定性中获益》一书，特指那些"不仅能从混乱和波动中受益，而且需要这种混乱和波动才能维持生存和实现繁荣的事物的特性"。

从零开始又何妨？但是，仅凭一腔热血是不够的。高端时尚品牌的客户是社会名流，跟这个群体打交道，张幼仪认为自己没有任何优势可言，这根本就不是她的能力圈。

自我认知足够清晰的张幼仪想到了徐志摩。这个前夫虽然狠心抛弃了自己，之后跟陆小曼的日子也过得一塌糊涂，但他的优势也一目了然，比如他认识社会各界名流。

但跟这个曾经给自己带来巨大痛苦的男人开口，张幼仪自己也觉得别扭，内心很是挣扎。不过，她明白，做大事，如果不借势借力、群策群力，就很难取得成功。即便最终做成了，这个过程也会无限期延长，因为要走很多的弯路，浪费大量的时间和精力。

最终，干事业的热情战胜了那可恶的自尊心。值得庆幸的是，徐志摩很赞成张幼仪做服装生意，他还说服了他的好朋友——上海滩著名的雕塑家江小鹣担任张幼仪的"云裳"服装的品牌总监。更令人拍案叫绝的是，在"云裳"的开业大典上，公司还请到了当时的"时尚达人"陆小曼和唐瑛来站台。不用多说，这也是徐志摩帮的忙。不过，这个忙也没有白帮，因为徐志摩自己也成了"云裳"服装品牌的股东之一。

"云裳"服装选料讲究，并且非常注重细节，还在款式上大作创新，不仅采用了立体裁剪法，还糅合了中西方的文化要素，很快就在上海滩风靡。此外，张幼仪的借势借力也发挥了巨大的作用。"云裳"的合伙人都是社会名流，因此，众多上层社会的名门闺秀、社交名媛都以能穿上"云裳"的服装为荣。

"云裳"服装的成功，不仅让张幼仪赚得盆满钵满，也让她的名字在当时的时尚圈广为流传。当年徐志摩口中的"土包子"，现在正引领着上海甚至整个中国的时尚潮流。

四

张幼仪在服装业取得的成功，引起了四哥张嘉璈的注意。彼时的张嘉璈已经是中国银行副总裁，并主持上海各国银行事务。

有一次，张幼仪去看望四哥，很凑巧，陈光甫也在。陈光甫有"中国的摩根"之美誉，毕业于美国宾夕法尼亚大学沃顿商学院。1915年，年仅34岁的陈光甫创办了上海商业储蓄银行，短短20年间，就将仅有七八万元微薄资本的"小小银行"打造成中国第一大私人商业银行，被誉为"中国最优秀的银行家"。陈光甫还是中国近代旅游业创始人，创立了"中国旅行社"。

陈光甫之前就听张嘉璈说过自己有一个善于经营企业的妹妹。这次见面一聊，果然不同凡响。在他看来，张幼仪无论是在东吴大学教书，还是经营"云裳"公司，都有些屈才了。她应该去金融行业，施展她的才华和抱负。

于是，他提议张幼仪到上海女子商业储蓄银行任副总裁。坐在一旁的四哥张嘉璈微微颔首，算是附和陈光甫的这一提议。张幼仪显然是心动了。她自己也觉得，无论是教书，还是经营服装公司，都不能施展自己全部的才华。

她骨子里是一个喜欢挑战的人，于是答应了。

上海女子商业储蓄银行是一个由女性创办的银行，由于经营不善，当时濒临倒闭。他们希望张幼仪能来担当力挽狂澜的重任。毕竟，此时的张幼仪已经名声在外了。

对张幼仪来说，金融业是一个全新的领域，充满机遇和挑战。为了尽快地熟悉业务，她充分利用晚上的时间刻苦钻研银行业务知识。在外人看来，她的工作作风也是独树一帜。虽然贵为副总裁，但她每天9点准时上班，从不迟到。

此外，她还把自己的办公桌置于银行大堂后面的角落。这样一来，她不仅能随时看到职员的动态，还能跟职员保持最快捷、有效的沟通。更关键的是，这种工作态度是有感染力的。试想，职员们看到总裁都在努力，自己还怎么好意思偷懒呢？

在张幼仪的精心经营下，上海女子商业储蓄银行的经营状况日益好转，且很快扭亏为盈。1931年底，上海女子商业储蓄银行实收资本和储蓄资本均超过2000万元，创造了银行界的奇迹。

张幼仪也凭超凡实力成为中国女性银行总裁第一人。

此外，她还靠着自己的个人能力与魅力，在银行的数次危难之际，保住了银行。抗日战争全面爆发之后，日军占领了上海，逃亡的人们纷纷到银行要求提现，银行面临巨大的挤兑压力。

一天，一位大客户找到张幼仪，要求提走她存在女子银行的全部现金。张幼仪意识到，银行现金一旦被提光，女子银行很可能就要关门大吉。何况，对方带着一笔巨款逃亡并不安全。

银行经营的是信用。银行的挤兑，本质上是银行信用的破产。战乱年代，大部分人是悲观的，对未来也是缺乏信心的。乱世中的银行业，显然也缺乏信用的基础。张幼仪心里很清楚，这时候让客户（储户）放弃提款的要求，比登天还难。但哪怕仅存一丝希望，她也不想放弃。

她抱着最坏的打算，直接建议该客户放弃提款，并承诺：由她为这笔存款提供担保，如果客户的资产出现损失，她将承担相应的责任。没想到的是，客户竟然答应了。客户答应的理由是：别人的话我不相信，可是你张幼仪说的话我信。

虽然过程比较艰难，但上海女子商业储蓄银行仍然熬过了中国现代史上的"至暗时刻"，直到20世纪50年代金融业公私合营才宣告结束，一共开办了31年。这所银行见证了一位女子的自强、睿智和担当。

五

1949年上海解放后，张幼仪赴香港定居。1972年，一起生活了近20年之久的伴侣苏纪之医师去世，张幼仪到美国与儿子团聚。1988年，张幼仪于美国纽约病逝。

回顾张幼仪的一生，我们可以从中找到两个关键词：一个是"成长"，另一个是"宽容"。在张幼仪一生88年的岁月里，似乎除了待字闺中时期，其他时候都顶着"徐志摩妻子"的头衔过活，即便两人之后离婚了，一个"徐志摩前妻"的帽子，依然紧紧地扣在她的头上。

可是，谁又曾想过要透过这顶巨大的帽子，真切地看看这个总是在别人的传奇故事里扮演边缘角色的女子？又有谁知道这个从绝境中破茧而出的女人，她曾担任上海女子商业储蓄银行副总裁、"云裳"服装公司总经理？

她能从婚姻失败的阴影中重生，个中滋味，谁能体会？在我看来，她才是徐志摩一生中真正高攀的女人。

张幼仪作为一个封建礼教下成长的女子，能在令人窒息的环境突破自己，能从徐志摩口中的"乡下土包子"，成长为一个企业家和银行家，其中所付出的努力，旁人根本无法想象。有人会说，她能成为一代女银行家，跟她四哥的大力举荐是分不开的。但如果张幼仪自身力有不逮，哪怕银行是她家开的，恐怕也没她什么事。

张幼仪的大度与宽容，也是世所罕见的。张幼仪一生都不曾对被徐志摩遗弃的命运口出怨言。晚年，她曾对侄孙女说："我要为离婚感谢徐志摩。若不是离婚，我可能永远没办法找到我自己，也没办法成长。他使我得到解脱，变成另一个人。"

古稀之年，她还让儿子徐积锴在美国图书馆查找徐志摩的旧作，并委托身在中国台湾的梁实秋等人编出了《徐志摩全集》。在徐志摩乘坐飞机失事后，作为前妻的张幼仪，每月还给徐志摩的遗孀陆小曼寄去生活费，且一直持续到自己移居香港前。

◇ **投资人视角**

坦白讲，就知名度来说，跟本篇的其他三位银行家相比，张幼仪应该是略逊一筹的。

金融业是男性的天下，女性银行家能崭露头角的，极其稀少。即便她为公众所知，其实也不是因为银行家的身份，而是徐志摩的前妻。这对她来说，确实不太公平。

能入选本篇的银行家有很多，无论是名气还是实力，他们都比张幼仪大得多。但我仍然"我行我素"，将张幼仪放入其中，主要还是因为她身上的某些特质打动了我。如果总结为一个词，那就是"成长"。塔勒布说，人是有反脆弱性的。套用现在流行的一句话就是：杀不死我的，只会让我更坚强。在张幼仪的身上，我们看到了一个人成长的无限潜力。

就投资来说，张幼仪的人生经历也是有重要借鉴意义的。我们经常把"能力圈"这个词挂在嘴边，一方面，是把它作为投资的基本原则来对待，即"不懂不做"；但另一方面，也有可能是把它作为一个懒惰和故步自封的挡箭牌。

对某些成熟的投资人来说，他可能会觉得自己的选择是最好的，会比较抵触一些新事物，甚至会对别人的投资嗤之以鼻。这是放弃成长和进步的表现。能力圈的形成固然需要时间，但能力圈的扩大也是必不可少和刻不容缓的。

一个人有自己的能力圈并坚持自己的能力圈是好事，但能力圈太小，对一个职业投资人来说，也是不利的。

主要参考资料：

林希美.张幼仪传：一无所有，一无所惧[M].北京：现代出版社，2018.

"零售之王"的"炼金师"：马蔚华

他做过农民和铁路工人，也担任过首长秘书，还曾在央行担任要职，却在天命之年接手一个小型商业银行，并将其打造成一家具有重大品牌影响力的股份制商业银行。他被外界誉为"中国最好的银行家"和"最具创新意识的银行家"。他就是马蔚华，一个敢于正确冒险和适当创新的银行家。

2022年4月18日上午，在A股主板上市的招商银行[1]，其股价一度接近跌停。

招商银行于1987年在深圳蛇口成立，是中国境内第一家完全由企业法人持股的股份制商业银行，也是国家从体制外推动银行业改革的第一家试点银行。这家万亿元市值的股份制银行，是一个非常特别的存在。它上市以来的ROE[2]长期维持在15%以上，在包括工、中、建、农、交"五大行"在内的上市银行中遥遥

---

[1] 招商银行为A股和港股两地上市企业。在A股主板上市的日期是2002年4月9日，在港股上市的日期是2006年9月22日。
[2] ROE：股东权益回报率，是衡量企业竞争优势的核心指标。

领先。

它的业绩增速在"五大行"和股份制银行中长期处于领先地位,拨备覆盖率和拨贷比也远超"五大行"和其他股份制银行。公司的扣非归母净利润由上市时的17.12亿元,增长至2021年底的1194.30亿元,年均复合增长率为24.95%,是名副其实的超级成长股。它累计实现净利润9374.16亿元,累计现金分红2596.91亿元。

截至2022年4月8日,招商银行上市20年的股价累计涨幅2229.24%,即20年20多倍,年化涨幅17.59%。而同期银行指数累计上涨567.61%,年化涨幅10.26%[1]。因其良好的经营业绩,招商银行长期占据部分公募和私募机构的重仓股位置。

当然,也正是因为受到机构投资者的追捧,跟"五大行"和其他股份制银行相比,它的估值也是一骑绝尘、遥遥领先。当别的银行长期在"破净[2]"中挣扎的时候,招商银行则长期享受着超过1.5倍PB的估值待遇。

机构的"心头好"和"心水股"的罕见大跌使得招商银行一度冲上微博热搜,引发了网友和股东的热议。几乎同一时间,有人开始注意到,招商银行高管被查的传闻不胫而走。但当时,招商银行的回应则是:正在核实中。

2022年4月18日下午6时,招商银行宣布重大人事调整,原行

---

[1] 数据来源:Wind。

[2] 破净:跌破1倍市净率(PB)。

长田惠宇另有任用,原常务副行长王良主持工作。4天之后的4月22日,中央纪委国家监委官网发布消息:招商银行原党委书记、行长田惠宇涉嫌严重违纪违法,目前正接受中央纪委国家监委纪律审查和监察调查。

当年,田惠宇的上任,之所以让外界大感"意外",一方面是他的资历备受质疑——他之前的最高职位只不过是中国建设银行北京分行的行长;另一方面,他的前任老马的影响力实在是太大了。老马号称"中国最好的银行家""最具创新意识的银行家"。有老马的"珠玉在前",股东们对下一任行长"横挑鼻子竖挑眼"也在情理之中。

那一年的股东大会上,新任行长的反对票达到了10.7%。甚至在计票期间,有股东在股东大会现场围住时任招商银行董秘,质问为什么要撤下老马,为什么不让老马再干一届。

股东们口中的"老马",全名是马蔚华。

一

马蔚华出生于1949年6月,即新中国成立当年。同年同月,刚解放不久的大上海发生了一件大事,而这件大事刚好跟金融行业有关。

当时的上海旧经济势力利用民众担心本币贬值的心理,大肆炒买炒卖外币和大宗银圆,公然与政府法令对抗,严重破坏金融秩序。为尽快恢复市场秩序,政府一面在市场抛出银圆,一面向投机商发出警告，并将违法乱纪的投机商逮捕法办。多种措施同时发力的情况下，政府在很短的时间就取得了金融保卫战的胜利。

类似上海金融保卫战的金融大事件，马蔚华在自己的职业生涯也经历过，还不止一次。

第一个大事件，是目睹银行破产。

1997年，为抵御亚洲金融危机的冲击，海南省将28家城市信用社并入海南发展银行。但简单的合并并没有从根本上解决城市信用社的问题，因为这28家城市信用社大部分"有病在身"——它们之前采用高息揽储的方式吸纳了大量存款。

据说，有些信用社甚至给出了25%的年利率。

城市信用社敢向储户许诺如此高的存款利率，也实属无奈。1992年，邓小平南方谈话后，中国经济增长迅猛，海南房地产市场欣欣向荣。房地产是一个资金密集型行业，在巨大的赚钱效应面前，海南城市信用社大量资金流向了当地的房地产市场。

对信用社来说，当资产端（信用社贷款）的回报能覆盖负债端（储户存款）的成本时，贷款的坏账风险是"不被看见的"。如果资产端能获得较高的回报，信用社向储户许诺较高的存款利率（付出较高的资金成本）似乎也没什么问题。但海南房地产泡沫的破灭和亚洲金融危机的爆发，让信用社的坏账风险全面暴露，城市信用社的坏账率急剧上升。几乎一夜之间，城市信用社发现，如果不采用高利率手段，它们就很难吸收到足够多的新储户的存款,进而没有能力去应对老储户的提款要求。

也就是说,在房地产泡沫破灭以及金融危机全面爆发之时,海南城市信用社开始用高息揽储的方式玩"借新还旧"的游戏了。

城市信用社和海南发展银行的合并,以及合并后央行对海南发展银行利率的规范,是压倒城市信用社(合并后的海南发展银行)的"最后一根稻草"。当合并后的海南发展银行按央行规定的利率(远远低于城市信用社之前向储户许诺的利率水平)向储户支付利息时,储户们不干了,他们到海南发展银行各个网点提取现金,海南发展银行很快就出现了支付危机和流动性危机。

1998年6月,央行宣布关闭海南发展银行,这是新中国成立后历史上第一家宣布破产清算的银行。这时候的马蔚华,还是央行海南分行的行长,兼海南发展银行破产清算组的组长。

第二个大事件,是招商银行沈阳分行的挤兑事件。

这是发生在马蔚华上任招商银行行长后不久的事情。这次挤兑事件发生的原因是一则传闻。有人将"原央行海南分行行长马蔚华调任招商银行"一事解读为"招商银行内部出现巨大问题,央行派马蔚华去接管"。这个传言被散播后,引发了沈阳分行的挤兑,储户纷纷到分行的营业网点去提款。

经历过海南发展银行破产清算的马蔚华,在处理银行挤兑事件方面,显然是有经验的。他让沈阳分行做好保证兑付的措施,只要有人来提款,就让他提,千万别阻拦。几天之后,挤兑风波被平息了。

二

出生于新中国成立前夕的马蔚华，就跟这个新生的国家一样，历经了一次又一次的磨难。

1968年，高中毕业的马蔚华响应号召，参加了知识青年上山下乡运动，成为辽宁省北镇县长兴店公社状元堡的一名插队青年。在这个阶段，他因为文笔突出，被调去公社当报道员。他很珍惜这个来之不易的机会，拼命写稿。在他的持续努力下，公社稿件的采用率持续占全县第一，有一篇报道还被中央人民广播电台采用。但即便如此，马蔚华仍对自己的未来和身份倍感迷茫。在他看来，自己写得再好，也不过是一个"土记者"。他真正羡慕的是那些来公社指导他写作的工作人员，因为他们的身份都是国家干部。

马蔚华人生中第一次重大转变，来自锦州铁路局的一次招工考试。1972年，马蔚华通过了铁路局的招工考试，成为锦州铁路局某工务段的一名养路工。刚开始，他对自己的新职业还是很满意的，一方面是工资比以前高了，另一方面是穿上了铁路工人的制服，马蔚华感觉自己的人生前途和身份似乎都比下乡那会清晰了许多。

但是，如果年轻的马蔚华是一个安于现状的人，也就没有后面精彩的人生故事了。

真正改变马蔚华命运的,是高考。1977年,恢复高考的消息让马蔚华激动万分。在恢复高考的当年,他就参加了考试,并顺利地被辽宁某大学中文系录取。但马蔚华对该学校和专业都不满意,于是,他在1978年参加了第二次高考。这一次,他被吉林大学经济系录取。

四年之后,大学毕业的马蔚华被分配至辽宁省计委。仅一年多的时间,他就被提拔为副处长。1985年,他被抽调至辽宁省委办公厅担任处级秘书。随后几年,他的工作随上级领导频繁调动而不断发生变化,工作地点也是频繁更换,从辽宁到安徽,再从安徽到北京。

1988年对即将步入不惑之年的马蔚华来说,可能是一个很重要的时间节点。这一年,他跟随上级领导调入中国人民银行。也就是从这一年开始,他的职业生涯跟金融和银行扯上了关系。

1997年,当即将退休的招商银行行长王世桢试图说服马蔚华担任招商银行下一任行长时,马蔚华已经是人民银行海南省分行的老行长了。当年,老马还在人民银行做资金司司长时,就对招商银行的管理机制印象深刻,认为招商银行的管理机制灵活且很有新意。

不过,对老马最终作出加入招商银行的决定起关键性作用的,还是前文提到的他在处理海南发展银行危机中的经历。在应对海南发展银行危机的过程中,老马认为,自己作为一个监管者,并不知道中国的商业银行该如何发展。在他看来,一个监管者眼中的银行发展路径，跟一个银行行长所思考的发展路径是有巨大差别的。

马蔚华认为，我国已经形成了五大国有银行的主体，但缺少真正意义上的商业银行。不过，他当时也没完全想明白，如果真的把自己放在商业银行行长的位置，他会怎么做。但是，这个想法一旦萌生，就像野草一样疯长。他想成为一名银行家的念头越来越强烈。只不过，在当时的背景下，试图新建一家商业银行的可能性几乎为零。他如果真的想施展抱负，就只能加入一个现成的商业银行，然后对其进行改造。

因此，与其说是招商银行选择了马蔚华，倒不如说是马蔚华选择了招商银行，或者说是马蔚华和招商银行相互成全。

纵观马蔚华的职业生涯，士、农、工、商都有涉猎。在40岁以前，他的人生经历跟银行似乎并没有太大关系，但是，他在政府机关工作的那几年，所在部门都是核心部门，与国家宏观经济紧密相关。政府核心部门的工作经历，为他日后化解海南发展银行风险、促进招商银行业务转型，打下了良好的基础。

三

在招商银行十几年的职业生涯中，马蔚华最为外界所知的，是他主导并推行的招商银行零售业务转型。

招商银行零售业务转型的提出时间是2004年。在这一年的南昌会议上，马蔚华提出要将招商银行的业务重心转移到零售业务，以自然人、家庭和中小企业为主要服务对象。也就是在这次会议上，他说出了那句广为传颂的话：不做对公业务，现在没饭吃；不做零售业务，未来没饭吃。

老马能提出零售业务的转型构想，倒不是他多有先见之明，而是他认清了招商银行自身的条件和实力。就像本文开头所说，招商银行是中国境内第一家完全由企业法人持股的股份制商业银行，也是国家从体制外推动银行业改革的第一家试点银行。换句话说，就股东实力而言，招商银行跟几家国有大行相比，没有任何优势可言。这样一来，在做批发业务、开发机构大客户方面，招商银行占不到任何便宜。

此外，他的开放心态和学习能力也帮了他大忙。在老马那一代的银行家中，他的"朋友圈"可能是最为显赫的。他的朋友包括投资大师沃伦·巴菲特、商业奇才比尔·盖茨、美国前财政部长蒂莫西·盖特纳、美国前国务卿亨利·基辛格、摩根大通CEO杰米·戴蒙等。

在如何选择优质伴侣这个问题上，查理·芒格曾发表过真知灼见。他说，好的配偶都不是傻瓜，最好的方式是让自己配得上。交友又何尝不是这个道理呢？就像老马说的那样，"你要人家接受你，你就要对得上话才行"。

马蔚华对零售业务的信心，来自一个他长期跟踪和学习的榜样——美国富国银行[①]。老马坦言，招商银行初期的很多创新，其实都源自富国银行。当然，除了富国银行外，招商银行学习的对象还有很多。比如，在品牌管理方面，老马还参考了美国苹果公司的一些经验和方法。

老马认为，西方的银行在市场经济中走过了上百年，在经营银行方面，无论是经验还是教训，都值得借鉴和学习。因此，跟国外同行保持沟通和交流，是很有必要的。

但是，老马的改革构想遇到了不小的阻力。理由也简单。一方面，当时的国内银行业，都是以批发业务为主，批发业务的客户都是大机构，单笔业务收入金额大。相比较而言，零售业务单笔收入金额小，回报周期长，见效慢，需要投入的人力多。对于习惯赚大钱和快钱的银行来说，小钱和慢钱就不太看得上了。

另一方面，当时的招商银行并不是到了非改革不可的地步。老马提出改革构想的前一年，也就是2003年，招商银行归母净利润同比增长近30%。提出改革的2004年当年，招商银行归母净利润同比增长超过了40%。

[①] 富国银行成立于1852年，历经多次金融危机和大萧条而不倒。它以零售业务为主，是美国银行业的"零售之王"。富国银行一度是沃伦·巴菲特的最爱，巴菲特曾是该银行最大的股东，持有时间超过30年。2016年，富国银行因"交叉销售"丑闻引起公众关注，巴菲特逐步对其进行减持。2022年第一季度，巴菲特彻底清仓了富国银行，同年12月，富国银行被美国消费者金融保护局（CFPB）处以37亿美元的巨额罚款。

改革能否成功是一个未知数,谁都不敢打包票。即便改革成功了,真的实现了"增量改革"的目标[①],也会有人因利益分配不均而心怀不满,进而阻挠改革的推进。

在企业顺风顺水时,仍然不满足于现状,继续保持自我革新的态度,这个勇气就很让人钦佩了。若再考虑一下银行业偏保守的经营特点,以及招商银行自身的非民营机制,老马勇于改革的精神和气魄就显得更难能可贵了。

当然,也有人对马蔚华主导的招商银行零售业务转型不以为意,认为没什么新意,无非在业务条线上做一些倾斜罢了。

作为一个企业的带头人,要让企业在行业中脱颖而出,创新是必不可少的。只不过,创新是一门艺术,尺度很难把握。有些行业,对领导人的要求是拥有"颠覆性创新"——经济学家熊彼特所说"创造性破坏"的能力。而对诸如银行这样的高杠杆、高风险行业来说,最好的创新,或许是渐进式的改良,而非颠覆性的改革或革命。

所以,改良而非革命,对银行业来说,可能是更好的选择。

四

批发和零售是两种不同的业务形态,前者的客群主要是机构,后者的客群主要是自然人。在产业链中,一般来说,机构客

---

① 因改革而提升了社会的整体福利。

户要比个人客户强势。机构客户对报价更为敏感,而个人客户对品牌的要求更高。

老马显然是懂零售和To C[①]业务的。在他看来,打造良好的品牌,对招商银行零售业务转型至关重要。

站在21世纪初那个时点来说,马蔚华提出的打造银行的服务品牌,怎么看都有点天方夜谭的味道。毕竟,在大部分人眼中,国内的银行总是给人一种居高临下的感觉。如果双方地位不对等,谈服务是不是有点矫情了?退一步讲,即便客户感受到了银行的服务,这个服务也是不够人性化的。

老马先从细节入手,率先在行业内开展人性化柜台服务。假设一个客户去招商银行营业网点办业务,从时间和空间角度,他大概会经历这么一个过程:在进入网点前,他可能会在门口看到鲜花;在进门后,会有服务人员热情地询问并在号码机前帮忙取号;在等待的过程中,网点有沙发区可供休息,有报纸杂志可供消遣;在办理业务的过程中,柜台员工有规范的示意和引导。

整个流程确实会让人有一种宾至如归的感觉,也让客户感受到:服务,其实是有温度的。

当然,只对细节进行改造是远远不够的。毕竟,还要有一些具体的举措,才能将服务转化为生产力。

2002年,招商银行推出了"金葵花"理财服务。从时间维度

---

① To C:To Customer,即面向客户。

看，招商银行无疑是国内银行业最早推出贵宾理财服务的银行了。据统计，该服务甫一推出，短短半年时间，招商银行的高端个人客户就增长了50%。

第二个重大举措是发行信用卡。21世纪初，跟发达国家相比，国人人均持有银行信用卡的数量极低。在很多人看来，中国人一直有量入为出的传统文化，超前消费意识并不强。这个时候贸然进入信用卡市场，银行需要承担巨额的客户消费意识培养成本，要在该业务上实现盈利，那是猴年马月的事情。

但在老马看来，这是一个机会。一个村庄的人都光着脚，不是他们不想穿鞋，而是很有可能村民压根儿就不知道还有鞋这种东西。2002年，招商银行首年发行信用卡60万张，一举刷新了VISA在亚太地区创造的纪录；2006年，招商银行的信用卡市场份额超过了30%；2012年，招商银行信用卡累计发行量突破3600万张。一个看起来盈利遥遥无期的业务，在马蔚华治下的招商银行用4年左右的时间就实现了盈利。

零售业务转型给招商银行带来的成长是显而易见的。2003年度，招商银行实现归母净利润22.30亿元，同期的兴业银行和民生银行分别为14.34亿元和13.91亿元。3年后的2006年度，招商银行归母净利润71.08亿元，同期的兴业银行和民生银行分别为37.98亿元和38.32亿元。2008年度，招商银行归母净利润210.77亿元，兴业银行和民生银行分别为113.85亿元和78.85亿元[1]。

---

① 数据来源：Wind。

截至2015年底，招商银行零售贷款总额达12095.24亿元，零售业务税前利润达347.92亿元，占比达50.47%[1]。招商银行成为国内首家零售利润跨越"半壁江山"的商业银行，彻底打响了"零售银行"的名头，招商银行也被一些银行业人士称为"零售之王"。

2013年5月8日，招商银行对外宣布，行长马蔚华因年龄问题不再担任行长职务。

在马蔚华十余年的招商银行职业生涯中，他将一个千亿元总资产的区域性中小银行，打造成为总资产高达3.4万亿元的全国第六大商业银行，总资产年均复合增长率将近30%[2]。这是一个惊人的数字。因此，从招商银行退休的马蔚华，时常庆幸自己赶上了好时代，也感叹如果重来一次，结果不一定会更好。

当一个成功者将自己的成功归功于"时代的贝塔"，而不是"个人的阿尔法"之时，他已然无愧于这个时代了。

◇ **投资人视角**

如果说上一任行长王世桢是给招商银行的未来发展定调的那个人，那么马蔚华就是将招商银行带到一个新的历史高度的那个人。他主导的招商银行转型，本质上是一种"温和的改良"。他以零售业务为抓手，将招商银行塑造成了国内无可争议的"零售

---

[1] 数据来源：《招商银行2015年度报告（A股）》。
[2] 数据来源：Wind，数据截至2012年底。

之王"。

在约翰·肯尼斯·加尔布雷思[1]看来,金融行业并不适合创新。我持保留意见。创新无处不在,哪怕像银行这样的杠杆行业,创新也是必不可少的。但尺度如何把握,很考验银行"当家人"的水平。换句话说,如何在理性、激情和欲望之间保持平衡,是一门学问。如果处理不好,很容易掉入坑里。

就资管行业来说,所谓财富管理,其实是管理自己的欲望,而不是总试图去战胜市场、战胜他人。这句话有点绕。在很多人看来,资管行业的主动管理型基金,如果不是以战胜市场和他人为目标,那么它存在的意义是什么呢?

管理自己的欲望,就是不贪多,把重要问题搞深搞透。同时,要认识自身不足,要有足够的风险意识,不应该去冒一些自己无法承受的风险。如果按照这个原则去执行,久而久之,结果应该不差。

所以,实际上,战胜市场和他人是结果,而不是目的。如果老是想着战胜市场和他人,甚至到了不择手段的地步,那么久而久之,结局应该比较悲惨。

在资本市场,我们见过太多这样的人了。他们因为侥幸,赚到了一些钱,然后内心急剧膨胀。他们开始目空一切,孤注一掷,不断地给自己的账户加杠杆。然后,他们的财富几乎在一夜

---

[1] 美国著名经济学家,著有《1929年大崩盘》《金融狂热简史》等著作。

之间灰飞烟灭。

好战之人,必将战死沙场。

人这一辈子,通过提升自身认知走正道,而不是旁门左道,也可以赚到足够多的钱。巴菲特、芒格等人都是非常典型的案例。但为什么仍然有那么多人老想着走捷径,做一些损人不利己的事呢?这足应引起我们的深思。

投资人篇
青山依旧在

投资人篇
青山依旧在

本篇中的人物,都是国内外著名的投资大师。

乔尔·格林布拉特创立了哥谭资本,公司旗下的基金长期业绩突出。他还是一个畅销书作家,撰写的《股市天才》和《股市稳赚》在读者群体中反响强烈。

龚虹嘉号称"天使投资第一人"。他投资的项目早期几乎不被外界看好,但最终让他获得了几百倍、几千倍,甚至几万倍的回报。他的"圈子"也很小,却在事业上取得了巨大的成功。

但斌是一个备受争议之人。一方面,作为一个投资人,他很早就进入了私募行业,因坚持投资优质企业而被外界熟知。另一方面,在重大的历史转折期,他的一些貌似无视规则的做法也引起了极大的争议。但无论如何,他的事业是成功的,他对这个社会也是慷慨的。

张坤在公募基金行业是一个"异类"。公募作为一个追求相对回报的行业,提供的是标准化的产品。总体而言,在现行的考核体系下,大部分公募基金经理都是趋势投资者,他们的换手率居高不下。但张坤,硬生生地将其管理的公募基金打造成了一个追求绝对回报的个性化产品。

他的持股高度集中,换手率极低。他将知行合一贯彻执行到了极致。他可能不喜欢这个名号,但我仍然认为,他或许是"最像沃伦·巴菲特的公募基金经理"。

无论是乔尔、龚虹嘉、但斌,还是张坤,他们都有一个共同点,就是对自己的思考深信不疑,有自己的坚持。而这些背后是对常识的尊重。

能坚持的策略才是好策略：乔尔·格林布拉特

他是著名的价值投资者，10年50%的年化回报率（费前），让他成为价值投资者们竞相模仿的对象。他是畅销书作家，所著《股市天才》和《股市稳赚》让很多人开始相信自己也能成为优秀的投资者。他是一个将主动管理"简单公式化"的投资经理，很多投资者因他发明的"神奇公式"而受益。

2005年，"股神"巴菲特向对冲基金的基金经理们下了一道战书：以10年为限，赌低成本的先锋标普500指数基金的业绩能战胜任意5只对冲基金（主动管理型基金）的业绩。赌注是50万美元。

"股神"满怀期待地等待各个基金经理（他们可以把自己管理的基金包括在5只基金内）蜂拥而来，为他们的职业辩护。但随之而来的是寂静之声。2007年，华尔街门徒合伙基金公司的首席投资官泰德·西德斯[1]站出来回应挑战。他精选了5只对冲基金

---

[1] 泰德·西德斯也是《聪明的基金经理》一书的作者。

来应对巴菲特的指数基金。

于是，这场赌约从2008年1月1日开始，到2017年12月31日结束。2017年，西德斯的基金平均收益率是2.96%，而巴菲特的标普500指数的平均收益率是8.5%，巴菲特大获全胜。

以10年作为一个周期，时间并不算短。这场赌局，与其说是对冲基金完败于指数基金，倒不如说是主动败给了被动，复杂输给了简单。而只有简单的策略，才便于理解，才有可操作性，才可持续，才可坚持。

指数基金只是被动地跟踪指数，它不需要高超的选股技巧，因此，它是一种简单的投资策略。同时，指数基金的运营成本和交易成本也比主动管理型基金低得多，所以它的优势也是显而易见的。

约翰·博格在1976年推出指数基金时，一度被投资管理业内的人嘲笑。但如今，有无数的投资者因他而获得了较高的投资回报。这种简单、低成本的策略让他的先锋基金管理的资产增加到6.2万亿美元。

其实，如果投资者严格按照当初制订的计划来执行的话，主动管理型基金也可以是一种简单的策略。其中，乔尔·格林布拉特的"神奇公式"，就是主动管理型基金中一个相对简单的策略。

而乔尔对这个策略的坚持，也让他获得了堪称业界奇迹的投资回报率。

投资人篇
青山依旧在

一

乔尔于1957年出生在美国纽约一个制鞋商家庭。

对一个在生意氛围浓厚的家庭中长大的孩子来说，对商业的思考和对赚钱的强烈欲望是一种与生俱来的本能。所以，对乔尔来说，上大学时选择宾夕法尼亚大学沃顿商学院——这家以商科出名的学校，是顺理成章之事。

虽然对商科感兴趣，他当时的志向却是当律师。这是许多美国犹太家庭为子女首选的职业方向之一。于是，本科毕业后，乔尔去斯坦福大学修习法律。只不过，仅一年后他就选择了退学。当同龄人都选择规模庞大的律师事务所或投资银行开启自己职业生涯的时候，乔尔想找的是一份能让自己身心愉悦、"靠聪明的想法获得报酬，而不是机械地打卡上班"的工作。

优秀的投资人从来就不是一个循规蹈矩之人。沃伦·巴菲特不是，查理·芒格不是，菲利普·费雪不是，彼得·林奇也不是。就像电影《教父》中的台词：用半秒钟就能看透事物本质的人，跟用一辈子也看不清事物本质的人，注定是截然不同的命运。

优秀的投资人，都有用很短的时间看透事物本质的能力。他们都有自己的"内部记分牌"，看起来有些自以为是，从来不在意世俗的眼光，很清楚自己要什么、做什么。

在沃顿商学院读本科期间，那些资深教授告诉他，试图战胜市场毫无意义。作为有效市场理论的支持者，他们声称股票价格反映了所有公开的信息。他们认为，消息灵通的买家和卖家之间的互动导致股票以其公允价值定价，这意味着寻找便宜货是徒劳无功的。

这是一个绝妙的理论，它证明了群体的智慧，还对普通投资者投资指数基金起到了积极的推动作用。普通投资者投资指数基金是以这一令人沮丧但符合现实的理念为基础的：你如果不能战胜市场，那么就应该专注于以尽可能低的成本获得相应的回报。对于绝大多数的投资者来说，投资指数化产品无疑是最合理、最简单的策略。

大部分时候，这个理论是对的。但是，"市场通常是有效的"跟"市场总是有效的"还是有区别的。这种区别，在某些职业投资人看来，无异于白天和黑夜的区别。

乔尔显然不认同有效市场理论。他说："我对所学的有效市场知识有一种本能的反应。在我看来，只读读报纸、看看新闻没什么意义。"他发现，股市的波动非常大，指数往往会在短短一年的时间里产生巨大的波动。如果一只股票2月的交易价格为50美元，11月的交易价格飙升至90美元，那么如何在这两个极端之间确定其价格呢？

他还举了一个20世纪70年代"漂亮50"的例子来说明市场的有限理性。1972年，疯狂的投资者将宝丽来公司的股票价格推高到150美元，而在1974年，宝丽来公司的股价却跌至14美元。两年的时间里，公司经营和基本面并没有发生巨大的变化，但公司的估值相差10倍。在这些数据面前，如果还说市场的定价是有效的、是理性的，就有点"睁着眼睛说瞎话"的意思了。

乔尔看到，整个市场无规律地从一个极端走向另一个极端，1972—1974年的繁荣和萧条就是典型的情形，他在整个职业生涯曾数次观察到这种情形。当市场飙升、震荡或暴跌时，大部分投资者很难克服贪婪和恐惧的人性，更无法做到有效、合理地为企业定价。

对有效市场理论的质疑让乔尔做到了与众不同，但也让他付出了代价：他的投资管理这门课得了班上的最低分。但《福布斯》杂志拯救了乔尔。在沃顿商学院求学的第三年，他偶然看到了一篇介绍本杰明·格雷厄姆鉴别廉价股策略的短文。

之后，他阅读了格雷厄姆的《证券分析》和《聪明的投资者》，称这两本书的内容与他在学校学到的知识截然不同。在乔尔看来，格雷厄姆对市场运作的看法非常简单明了，这让他极为兴奋。

最重要的是，格雷厄姆给了他一个改变人生的启迪。正如乔尔所说，"股票代表的是你正在评估并试图以折扣价购买的企业的所有权"，那么，关键是要确认股票价格和企业价值之间存在极大差距的情形。这一差价给了投资者一个安全边际，乔尔认为这是投资中最重要的概念。

一旦你意识到，你的使命是给企业估值并以远低于其内在价值的价格购买其股票，你就释然了。这就好比说，投资者用40美分去买价值1美元的东西。这个逻辑，哪怕对毫无金融学基础的初中生来说，也很好理解。

这其实是投资的基本逻辑，但不一定是常识。因为在查理·芒格看来，所谓常识，是平常人没有的知识或见识。在乔尔看来，如果我们能这么简单地看待投资，并且始终保持这种简单性，那么我们就会发现这一理念非常吸引人，也会觉得其他理念都很愚蠢。

在格雷厄姆的影响下，乔尔把别人告诉他的关于如何看待世界和市场的99%的理念都抛诸脑后了。

二

在创办哥谭资本公司之前，乔尔曾在一家初创的投资公司担任分析师，对参与并购的公司进行风险套利押注。

但没做多久他就放弃了。不值得做，或者不值得做好的事情，越早放弃成本越低。在他看来，风险套利是一场很容易失败的游戏。当合并按计划进行时，投资者可以赚到些蝇头小利，但如果交易意外终止，造成的损失就不止一点。

这与格雷厄姆的策略刚好相反。格雷厄姆的投资策略是"雪茄烟蒂策略"。通俗一点来说，就是投资者用远低于企业清算价值的价格买入一家企业的股票，待其股票价格逐渐回归企业清算价值时卖出。

一般来说，安全边际有两种，一种是非常低的静态估值，另一种是企业本身的成长性所带来的内在价值持续增长。格雷厄姆的徒弟、巴菲特的同门师兄沃尔特·施洛斯几乎完全复制了格雷厄姆的策略。他优秀的长期业绩表明，"雪茄烟蒂策略"是一个"损失相对有限，而收益却非常可观"的投资策略。

为了将格雷厄姆的策略更好地运用于投资实践，乔尔于1985年创办了自己的投资公司——哥谭资本。"哥谭"一词在英文中是纽约市的一个别称。最初，哥谭资本管理的客户资产只有700万美元，而其中500万美元又来自"垃圾债券之王"迈克尔·米尔肯。

乔尔结识米尔肯，得益于他在沃顿商学院的一位同学的帮助。有传闻，米尔肯在德崇证券的4年时间里赚了十多亿美元，所以，对他来说，在一个雄心勃勃、前途无量的年轻人身上下注500万美元，并不算太冒险。

在最初的10年里，这只基金的年化收益率在扣除各种税费之后达到了50%。在20年时间里，基金的年化收益率高达40%。按这一收益率计算，一个投资人最初的100万美元，在20年之后将变为8.37亿美元。

一个管理人，如果能在长达10年的时间里获得40%的年均复合收益率，那他根本不需要为他人打理资金。为别人打理资金压力很大，投资方普遍的心理是：在尽可能多赚的情况下，尽可能不亏钱。此外，销售渠道方也会给管理人带来很多的牵制和压力，如预警线、平仓线等约束条款。

所以，对管理人来说，最理想的状态就是：我只管自己的钱。几年之后，哥谭资本返还了外部投资人的所有资金，直到最近几年，才重新"开门迎客"。

乔尔认为，哥谭资本有今天的成就，主要有三方面的原因。首先，基金规模一直很小。基金规模小的时候，可以参与小公司的投资。但对一个大基金来说，参与小公司投资意义不大，一方面是买不到足够的量；另一方面是小公司对基金净值的贡献会很小，有时候甚至可以小到忽略不计。其次，投资组合高度集中，只要找到一些好标的即可。集中的好处是可以最大限度地享受到好公司带来的回报，但坏处是会带来高波动。最后，哥谭资本多年来几乎没遭受过大灾大难，乔尔认为，好运是原因之一。

必须承认，成立于20世纪80年代的哥谭资本，确实很幸运地赶上了美国80年代至21世纪初的大牛市。比如，美国纳斯达克指数从1984年的237点冲到2000年的5132点，指数累计涨幅高达20倍。这是一轮"旷日持久"的大牛市，其持续时间长达16年。

这也是美国历史上持续时间最长的一次大牛市。在这段时间，纳斯达克指数只是在1987年、1990年和1994年略作调整，其余时间一直是单边上涨。

乔尔对万豪服务公司的投资，算是一次非常经典的"战役"。万豪服务公司是由万豪集团拆分出来的"一个小垃圾堆"。万豪集团有两大块业务:第一块业务是为其他公司管理酒店,这几乎是无本的轻资产生意,也是万豪集团的核心业务;第二块业务是建造并自营的酒店业务,这块业务负债累累,处于困境。分拆完成之后,万豪集团现有股东大量抛售万豪服务公司的股票,导致公司的股价极度低迷,一度跌至4美元。

乔尔在深入研究公司的状况之后,发现了万豪服务公司惊人的投资价值。根据他的估计,仅从无债务资产部分来看,该公司的股价就值6美元,如果其财务状况有所改善,有债务的那部分资产也可能变得很有价值。

在他看来,万豪服务公司收益和风险的不对称性再明显不过了。他只需花4美元,就能买到价值6美元的无债务资产,还能从债务资产中捞到好处。退一步讲,即便债务资产最终变得一文不值,他也能用4美元买入价值6美元的资产。

一旦账算清楚了,接下来就是行动了。乔尔把基金近40%的资金投给了万豪服务公司。40%是一个微妙的数字,它已经成了国内外投资人个股头寸上限的普遍规则。

个股头寸40%的上限规则,最早的制定者应该是沃伦·巴菲特。在1966年致合伙人的信里,巴菲特写道:"我们合伙基金1965年和1966年的最大单笔投资,其业绩大幅超越了持股期间的市场平均业绩。我认为它在未来三四年取得超额收益的可能性也非常大。这只股票的非凡吸引力和相对确定的收益,让我在合伙基金里加入了一条基本原则:允许持有单只股票不超过合伙基金资产的40%。"

这个世界除了死亡和税收,没有什么是百分之百确定的。即便我们对某个企业的研究已经超过绝大部分人,投资组合的适度分散也是很有必要的。但太过于分散,也是对"研究正确"的极大浪费。

对不把股价波动当风险的投资人来说,过度分散并不会降低投资的风险,反而提升了投资的风险。一方面,是回报不足的风险。假设我们按一定的比例,买入A股市场所有的上市公司,几年下来,其回报率大概率还不如买沪深300指数。另一方面,是"无意识无能"(不知道自己在干什么)的风险。人的精力是有限的,我们能搞懂的生意终归是极其有限的。什么都来一点的后果,可能是我们对组合里的所有企业都一无所知。

1993年,万豪服务公司作为一家独立的公司开始运营。在不到4个月的时间里,乔尔在万豪服务公司上的投资实现了3倍的回报。

三

正所谓,大道至简,大道相通。能经受得起时间检验的投资策略,大抵是符合商业逻辑且能让妇孺瞬间理解的生活常识。

乔尔的投资之道,可以被总结为:以低价买入优秀的企业。他把格雷厄姆和巴菲特的投资精髓完美地统一。2003年,乔尔启动了一个总耗资3500万美元的研究项目。这个研究项目的目标只有一个：证明物美价廉的公司能为投资人带来巨大的回报。

为了处理好庞大的数据，乔尔聘请了一位计算机高手，按照廉价和质量两个维度，筛选出能反映这两个维度相应的指标。乔尔让计算机高手对3500家美国上市公司的股票进行数据分析，并根据相应的指标对这些企业进行排序。综合得分最高的企业，一般是以低于平均价格交易的相对优秀的企业。

乔尔很想知道：如果一位投资者在年初买入30只这类股票，一年后再卖出，然后再买入30只排名靠前的股票，结果会怎么样？回测结果显示：在1988—2004年，使用这个策略的年化回报率高达30.8%，而同期标普500指数的年化回报率仅有12.4%。按照这个回报率计算，投资者100万美元的投资，最终将增长至9600多万美元；而投资标普500指数，资产仅能增长至730万美元。

这个投资策略只依赖于廉价和质量两个指标，但最终的结果远远优于市场。这个结果很好地证明了保持简单策略的威力。乔尔将廉价和质量的简单组合戏称为"神奇公式"。他将研究成果形成了一部著作，这本名为《股市稳赚》的小书甫一问世，就受到了读者的热烈追捧。

如何定义廉价呢？乔尔使用的是EBIT（息税前收益）÷EV（市值+净有息负债），得出的结果是一个百分比，他称之为收益率。可以这样解释，EV代表买下这个企业的总付出（总市值加上买下企业后需要承担的原有的债务）。

这个百分比（收益率）很好地说明了这个生意目前买下来，能够给投资者带来什么样的回报率。为什么不用PE（市盈率=股价÷每股收益或市值÷净利润）呢？因为计算PE的每股收益或净利润，不如息税前收益更能说明企业总体盈利能力。

怎么定义质量呢？乔尔认为，所谓好企业就是资本回报率高（ROIC）[①]的企业。为什么用ROIC而不是大众更为熟知的ROE呢？因为ROE是净资产收益率，企业的财务杠杆会对这个指标的结果产生重大影响。如果一个企业大量举债，即使毛利率和净利率都较低，也有可能获得高盈利，但不平衡的负债结构会加大企业长期盈利的难度。而ROIC衡量的是所有投入企业的各种资本能够创造的收益，更能够说明企业生意的好坏。

在具体运用上，乔尔将某股票分别按照ROIC和收益率进行排序，分别得到两类排名，然后将某股票的两个排名序号相加，得到总排名。接下来，就将资金平均分配到一定数量的综合排名在前列的股票。举个例子，某股票的ROIC排在A股的第10名，其目前收益率[②]在A股自高而低的排名为第20名，那么，这只股票的综合排名为10+20=30（第30名）。乔尔建议普通投资者选择综合排名前30的股票，每只购买1/30的资金；而职业投资者可以根据自己投资能力的实际情况，在排序靠前的名单中斟酌。

虽然乔尔在二十多年的实践中，运用"神奇公式"获得了年

[①] ROIC = EBIT（息税前收益）÷净有形资本（净营运资本+净固定资本）。
[②] "EBIT（息税前收益）÷EV（市值+净有息负债）"的计算结果。

化40%的收益率，但"神奇公式"有时候也"不再神奇"。回测数据显示，在每12个月中，"神奇公式"就会有5个月低于市场平均水平，每6年至少会有两年连续表现不佳。在整个17年中，"神奇公式"甚至出现了连续3年低于市场平均水平的情况，但这并不影响乔尔取得令市场瞩目的年均复合收益率。

也就是说，"神奇公式"只有从长期看才会有效，但大多数投资者往往很难坚持一个连续几年都不见效的投资策略。要想"神奇公式"产生作用，必须保持一个长期的投资眼光，对其有信念感。

其实，指数投资也是同样的道理。虽然从长期来看，指数的年化回报并不低，但投资者需要保持足够的耐心。以A股的沪深300全收益指数为例，这个指数从2004年底的1000点，涨到了2021年底的6551.59点，17年的年化回报率为11.69%。但是，这个指数在2007年创出新高后，直到14年之后新高才出现。在这14年间，指数大部分时候在3000~5000点震荡。

当很多股票都在持续大涨的时候，沪深300全收益指数可能一动不动。当指数投资者只能获得11.69%的年化回报时，部分投资人却因为持有少数优质企业取得了更高的长期回报。

回到本文开头提到的标普500指数。这个指数虽然在2008—2018年战胜了对冲基金，但在1999—2012年的13年间原地踏步。如果一个人老是盯着指数的日间波动，他大概率赚不到指数的长期回报，因为指数长期不涨或比某些股票涨得少，会让他很痛苦。

所以，仅找到一个能提高长期获胜概率的策略是不够的，投资者还必须严格地按照当初制定的策略去执行才有意义。当一种策略出现大幅浮亏或落后市场好多年的时候（在漫长的投资生涯中，这种情况一定会出现），坚守信念是非常困难的，我们可能会怀疑策略的有效性，或者质疑持有的企业发生了根本性的变化（有些企业确实如此）。

但是，我们也应该铭记，没有什么策略是一直奏效的。价值投资之所以长期有效，就在于某些时候不合时宜。一种策略如果每时每刻都奏效，那么终有一天会失效，因为它的套利空间已经被无限压缩了。

所以，投资人如果因股票市场的存在而无法做到无视市场波动，那他要获得长期回报，就必须有能力忍受精神和经济上的双重煎熬。而一旦遭受精神和经济双重考验的时候，那些简单、合理、可理解、能相信的策略，才有可能让投资人毫不动摇地坚持下去。

◇ 投资人视角

乔尔的投资策略很简单，甚至已经简单到了程序化和流程化的地步。

但简单不等于容易。

我曾在多个场合跟他人说过，对那些没有时间研究企业的人来说，如果你能忍受指数阶段性表现不佳，或不受部分上市公司短期股价大幅上涨影响的话，指数化投资（买指数基金）其实也是一种简单有效的投资策略。沃伦·巴菲特和已故的约翰·博格也持这个观点。

我们的沪深300全收益指数自成立以来，也获得了将近10%的年化回报。试想，在我们身边，有多少人在将近20年的投资生涯获得了这样的年化回报呢？

2021—2022年，我们的臻品投资、集中投资和长期投资策略受到了严峻的考验，也遭到了诸多同行、持有人，甚至同事的批评。但我很明确地告诉他们，该策略是迄今为止最适合我的一个策略。

就拿集中投资策略来说，如果投资经理对知识诚实，承认自己懂的东西并不多，对自己的判断力和忍受力有信心，能对市场的波动熟视无睹，淡定从容，集中持股并不是什么问题。就像巴菲特说的那样，没有谁会因为第七个好生意而发财。不过，投资终归是概率游戏，孤注一掷，把全部身家押在一家企业上也没有必要。

所以，如果让我重新开始、从头再来，基于我的认知水平，我还是会选择和坚持这个投资策略。正是因为这个策略适合我，所以即便碰到了极端情况，它也能让我保持内心的平静。而正是因为我能保持内心的平静，我才能在外界的质疑声中坚持自我。

主要参考资料：

威廉·格林. 更富有、更睿智、更快乐：世界顶尖投资者是如何在市场和生活中实现双赢的[M]. 马林梅，译. 北京：中国青年出版社，2022.

情怀铸就最优秀的价值创造者：龚虹嘉

他酷爱文学，大学却读了工科。他的生活圈和工作圈很小，人生大事几乎都在校友和同学这个非常有限的圈子里进行。他在热衷于成就他人的同时，为自己赚取了令人瞩目的长期回报。他是龚虹嘉，一个用情怀铸就的优秀天使投资人和价值创造者。

对近耳顺之年的龚虹嘉来说，他有很多的头衔、身份和标签，诸如"中国最牛天使投资人""安防教父""中国孙正义""中国套现王"。不过，他最在意的，可能是"华科大校友"这个身份。

人类能取得今天的成就，在于我们擅长以想象的共同体为纽带，团结一切可团结的力量，用竞争或合作的方式攻克一个又一个难题。人是感情动物，没有人可以完全无视自己的出身和人生每个阶段的关系圈。

较之于步入社会之后建立的各种圈子，以学生的身份和名义建立的关系网可能更为简单、纯粹和稳定，但这种纯粹的关系网往往在个人发展过程中起着最为重要的作用。作为一个在视频监控企业赚取上万倍回报的天使投资人，龚虹嘉应该对这句话深有体会。

一

2021年3月4日，上市公司海康威视发布关于股东减持股份超过1%的公告。在2020年11月6日至2021年3月3日，公司的二股东龚虹嘉通过大宗交易共计减持公司股份1.13亿股。在这期间，海康威视的均价约为54元，粗略计算，这笔减持套现的金额在60亿元左右。

减持过后，龚虹嘉仍为公司第二大股东，持股数量占公司总股本的10.2%。截至2021年底，海康威视总市值近4800亿元，龚虹嘉的持有市值仍高达480亿元。如果算上上市以来的20余次减持，龚虹嘉在海康威视上赚到的回报，大概是他2001年时投入的245万元的近3万倍。如果年化一下，这个投资回报率会极其惊人。

1999年，龚虹嘉的两位华科大同学——时任中电科（中国电子科技集团有限公司）五十二所副所长的陈宗年和中电科五十二所副总工程师的胡扬忠准备出来创业。就当时他们拥有的条件来说，要管理经验有管理经验，要技术有技术。但是，他们最缺的，还是钱。

他们在找到龚虹嘉之前已经找了好几个资方，但都不太顺利。原因有很多，其中关键的两点看起来有点无解：

首先，国有企业当大股东是资方最为担心的。按大部分人的理解，国企效率低下、人浮于事，中小股东的利益很难得到保证。但实际情况是，股东结构的影响没有想象中那么大。SOE（国有企业）中也有很多优秀的企业，POE（民营企业）中也会有腐败现象，也有低效率和人浮于事的问题。

其次，创始团队竟然没有股权，资方担心激励机制不够健全。这个担心不无道理，因为人会对激励作出反应，如果没有厘清生产关系，就会拖累生产力的进一步解放。

就在山穷水尽之时，他们找到了当时在创业圈已经小有名气的同学龚虹嘉。按当时在场的人回忆，龚虹嘉几乎没怎么犹豫就答应出资245万元，占股49%入伙。

海康威视上市以后，有人问龚虹嘉，他是如何慧眼识珠选择了它的。他说："当时靠的就是情怀，因为都是同学，如果给他们一点儿钱就可以有所改变，也许就可以改变他们的命运。"

二

1965年，龚虹嘉出生在湖北的一个普通家庭。

他从小酷爱文学，特别喜欢写作，高考时曾写出了当时湖北省的唯一的满分作文。如果从兴趣出发，以他的成绩，高考时应该选择文科，因为他的职业梦想是记者或者律师。但在那个年代，"学好数理化，走遍天下都不怕"的观念很是深入人心。在一位非常敬重的老师的指导下，龚虹嘉选择了华中工学院（如今的华中科技大学），就读于计算机专业。

在这里，他结识了对他产生重要影响的两位同学：陈宗年和胡扬忠。正是以这两人为核心组成的经营团队，成就了龚虹嘉"中国天使投资第一人"的身份。以至于在一次跟学弟学妹的分享会上，龚虹嘉特别提醒大家要珍惜身边的人和事，"机会也许就在你身边，你的同学也许就是你未来事业上的合作伙伴"。

纵观龚虹嘉人生的各个阶段，从大学到创业再到投资，他的人生大事几乎都在校友和同学这个非常有限的圈子里进行，甚至包括娶妻（妻子陈春梅也是他的大学同学）。几十年来，数番来来回回，他都和校友、同学及同学的朋友仅仅几十个人发生着各种联系。

1986年，大学毕业后的龚虹嘉并没有立即创业，而是去了深圳一家电子贸易公司。他的两位同学陈宗年和胡扬忠则去了中电科五十二所做技术研究。

时间来到了1994年，受"下海潮"的影响，龚虹嘉和原电子贸易公司的同事一起辞职，创办了一个生产收音机的公司，公司取名"德生"。哪怕在20世纪90年代，做收音机生意也不是什么好主意。

首先，收音机的消费群体不大。需要使用收音机的群体，主要是高校的学生和部分老年人。而无论是大学生还是老年人群体，消费能力都偏弱。大学生需要用收音机参加国家英语四六级考试，老年人需要收音机收听广播消遣。我们中的大部分人，已经不满足于"听"的感官享受了。在很早以前，电视就已经成了收音机的竞品。毫无疑问，近十年来随着智能手机的全面普及，收音机的受众将进一步萎缩。

其次，收音机的使用频率很低。大学生是收音机的主要消费群体之一，但他们使用收音机的频率并不高。在智能手机普及之前，大学生在用收音机参加英语四六级听力考试之余，也就是在晚上用收音机收听音乐或某些情感类节目。

最后，收音机市场是一个红海市场，高端市场早就被松下、索尼等品牌垄断，国产品牌只能在低端市场求得一席之地。但低端收音机的生意更残酷。

一方面，品质没有保障，对需要用它参加英语听力考试的大学生来说，代价和风险太大。因此，大部分学生还是宁愿多花点儿钱买好一点儿的收音机，也不愿意去买质量无保障的廉价货。另一方面，低端收音机的毛利率和净利润率都很低。同时，收音机的消费群体小，很难形成规模效应，所以很难让厂商赚到钱。

但是，龚虹嘉有不一样的看法。在他看来，在当时的时点进入收音机这个领域，也许并不是一个太坏的选择。首先，自大学毕业以来，他一直从事的是跟消费电子相关的工作，对电子产品的消费群体、行业格局和商业模式都有自己的理解。进入这个领域，也算是发挥自己所长，没有违背能力圈原则。其次，收音机虽然使用频率低，但功能单一，需要更新换代的频率也低，这显然可以为企业节省大量的成本[①]。最后，收音机的使用群体虽

---

① 这也解释了为什么用于娱乐的大部分"黑色家电"都不太好赚钱。

小，但我们是人口大国，大学生的群体仍然不小。

如果德生收音机能为大学生提供品质较好、价格又比国外品牌更低的收音机产品，这个生意也是可以做的。这样一来，产品的定位就很清晰了：德生收音机将致力于生产介于高端和低端之间的中端收音机产品。

由于德生收音机目标明确，产品质量过硬，再加上定价合理，产品一经推出就备受市场青睐。在高峰时，德生收音机在50元左右的收音机市场占据了70%以上的市场份额。龚虹嘉硬是在收音机这个红海市场开辟了蓝海市场。

德生收音机的成功，也让龚虹嘉赚到了第一桶金。

三

tenbagger一词出自投资大师彼得·林奇的自传，意思是"十倍股"。

如果一个投资人在他长期职业生涯中能找到一只tenbagger，那他大体上可以迈入优秀的投资人行列；如果他能找到一只百倍股，那他会是一个顶尖的投资人；如果他能找到一只千倍股，那他会变得极其富有；如果他能找到一只万倍股，那他应该能进入《福布斯》全球亿万富豪榜。

海康威视为龚虹嘉带来了将近3万倍的回报，他因此而扬名。但他书写的投资传奇远远不止海康威视这一家公司。继德生收音机之后，龚虹嘉又和他人在浙江杭州成立了中国第一家开发手机即时计费系统的公司——浙江德康通信技术有限公司。

3年后，德康通信通过置换股份的方式与田溯宁的亚信公司进行合并。2000年5月，亚信在美国纳斯达克挂牌上市，成为第一家赴纳斯达克上市的中概股。龚虹嘉通过公司上市退出，获得了丰厚的回报。2017年，在创业板上市的半导体企业富瀚微电子为龚虹嘉带来了千倍回报。2020年，在纳斯达克上市的泛生子，在科创板上市的芯原股份，均为龚虹嘉带来了近百倍的回报。

1988—1997年，巴菲特曾在可口可乐公司上获得了10倍的回报，也在《华盛顿邮报》和喜诗糖果上赚取了几十倍的回报，还以90岁高龄在苹果公司赚了1200亿美元。巴菲特的老师本杰明·格雷厄姆在盖可保险也赚取了不菲的回报。

但总体而言，龚虹嘉和巴菲特、格雷厄姆的投资理念和策略略有不同。本杰明·格雷厄姆《证券分析》一书的出版，宣告了价值投资理念的诞生。从发展历程来看，价值投资理念由最早的"雪茄烟蒂"价值投资[①]，发展到后来的"护城河"价值投资，再发展到"创造价值式"价值投资。

总的来说，价值投资可以分为早期的发现价值和后期的创造价值两个阶段。如果巴菲特和格雷厄姆的投资策略是发现企业价值，那么，龚虹嘉的投资策略无疑是创造企业价值。巴菲特和格雷厄姆作为企业股东，本质上就是一个财务投资人，很少参与企

---

① 又称"原教旨价值投资"或"深度价值投资"。

业的经营决策。而龚虹嘉除了投钱，还出技术。

海康威视在成立之初开发的是MPEG-4标准的视频压缩板卡和硬盘录像机，但国际领先的产品采用的是解码率更高的标准，海康威视的自主知识产权升级卡在了技术的过渡期。但是，龚虹嘉投资的富年科技公司刚好研发出了世界前沿的编码技术。海康威视正是借助于龚虹嘉提供的编码技术，很快就推出了自主知识产权的换代产品。

回头看，很多项目一度无人问津，几乎没有团队看好，但在龚虹嘉的参与下，这些项目最终均取得了令人难以置信的巨大成功。本质上，这是先人一步看到了别人没看到的机会，发掘了别人没发掘的巨大"金矿"。跟那些纯粹做财务投资、不参与企业经营决策的投资人相比，龚虹嘉做的是创造企业价值的工作。

诚然，投资那些尚未证明自己的企业，其风险不容小觑。商业世界是一个无硝烟的战场，而不是童话世界。起死回生、扭转乾坤、"丑小鸭变黑天鹅"都是小概率事件。但是，一旦成功了，投资人所获得的投资回报和投资赔率是极其可观的。

就像龚虹嘉自己所说的那样："像我这种才疏学浅的人，跟当时不被看好、没有名校背景、没有成功经验的老头子合作，也能作出不少成绩。所以，成功的道路有很多条，成功的模式有很多种。要成功，就不要太执着于成功的模式和道路。"龚虹嘉的独立思考和特立独行，将手中原本并不好的一副牌，打得极其精彩。

当然，龚虹嘉的成功，还跟他愿意分享的性格有很大的关系。2004年1月，龚虹嘉在董事会上承诺，如果公司未来经营状况良好，将按照原始投资成本向公司经营团队转让15%的股权。3年之后，在公司获得了进一步的发展之后，公司进行了创业以来的第一次股权变更。龚虹嘉履行了当初的承诺，将所持公司15%的股权以接近白送①的价格转让给了以49位经营层和核心员工为股东的杭州威讯投资管理有限公司②，另将5%的股权以2520.28万元（按2003年底净资产作价）的价格转让给了杭州康普投资有限公司③。

杭州威讯和杭州康普都是海康威视的员工持股平台。通过设立员工持股平台，创始团队开始有了股权。此后每2~3年，公司都会实施一次股权激励。截至2021年底，因股权激励受益的海康威视员工近万名。大手笔的股权激励让海康威视的高管和员工干劲十足，也让其成长为安防行业的全球老大。

与其占有一个"小蛋糕"的50%，不如一起把"蛋糕"做大，分享"大蛋糕"的10%。股权激励的本质是生产关系的转变。工业时代，稀缺的是资本，资本掌握话语权，资本和员工之间是雇佣和被雇佣的关系。而信息时代，稀缺的是人才（人力资

---

① 截至2021年底，15%的海康威视股权价值超过700亿元。因此，跟后来的股权价值相比，2007年龚虹嘉将海康威视15%的股权作价75万元转让给经营团队相当于白送。

② 现为杭州威讯股权投资合伙企业（有限合伙）。

③ 现为杭州璞康股权投资合伙企业（有限合伙）。

本），资本（股东）和人才之间是契约合作关系（合伙人），而非管理与被管理的关系。

企业通过股权的分享，将股东和员工之间的雇佣与被雇佣关系转变为合伙人关系。虽然有些人持有的股份可能并不多，但持有股权的员工不再充当打工人的角色，而是成了公司的所有人之一。这样一来，作为主人翁的员工，工作积极性显然会进一步提高，企业最终也能达到提升生产力的目的。

四

龚虹嘉的偶像是埃隆·马斯克。这位神奇的商业奇才，以其特立独行和无所畏惧的人生态度创造了一个又一个商业奇迹，做成了一件又一件在其他人看来几乎不可能成功的事情。

当马斯克宣布要造往返回收式火箭时，曾被NASA（美国国家航空航天局）的航天航空专家无情地奚落和嘲讽。后来，当他宣告要做纯电动车时，又被无数传统汽车制造企业认为是天方夜谭。

还是那句话，牛人都是有"内部记分牌"的。他们执着于自己的梦想，而不在意芸芸众生的看法。龚虹嘉参与的很多项目都是别人不看好或者不愿意投的。从这个角度看，不得不说龚虹嘉独具慧眼。跟大部分投资人喜欢"赛道投资"不同的是，龚虹嘉从不凑热闹，不追热点和风口。

从早期创办德生收音机到后来的德康通信和海康威视的投

资，以及到如今对半导体及电子设备、土壤治理、干细胞产业、基因治疗技术的投资，都展现出龚虹嘉与众不同的一面。

龚虹嘉当前参与布局的半导体、土壤治理、干细胞产业和基因治疗技术，都是有巨大社会价值的产业，但由于这些行业的投资风险大且回报周期长，愿意投资的人并不多。

参与这些项目的投资，很考验投资人的眼光、胸怀和格局。龚虹嘉在接受记者采访时曾表示："在我投的项目里，基本十年能有一个结果都算比较快的。"正是因为龚虹嘉拥有长期主义思维，在乎的是项目的长期价值，而不是短期的财务回报，才让自己成为"中国最优秀天使投资人"。

就像威廉·格林在《更富有、更睿智、更快乐》一书中所说的那样：在一个短期主义和即时满足日益盛行的世界里，那些一贯朝相反方向前进的人可获得巨大的优势。

◇ 投资人视角

作为天使投资人，龚虹嘉"点石成金"的超凡能力令人叹为观止。

但夸大一个人的能力，是一件非常危险的事情。在我看来，龚虹嘉并没有所谓的超凡能力。他只不过比别人思考得更深入一些、更全面一些、更独立一些。

他也愿意去做一些别人从来没做过的事情，如改变生产关系和激励方式，让更多的员工从雇佣关系变为合伙关系。当然，他还着眼长远，不计较一时的得失。

我们不妨大胆估计，这世上90%的人，恐怕很难做到这三条①中的任何一条，但他都做到了。他的所得，配得上他的付出；他的付出，也配得上他的所得。

2022年10月，A股市场中高端白酒企业的股价出现了大幅下跌，我们公司因为大量持有这些企业，基金净值遭受了巨大损失。身边的好友出于好意，不断给我推送各种负面新闻，如白酒销量见顶、反腐、经济下行压力、高库存等。

他们所担心的，有些确实存在。但我们之所以能坚定持有，不是我们的心脏比较大，而是我们对这个行业的企业的理解有别于他人。事后证明，大部分人的担心是多余的。这也反映了，保持独立思考是很难的，跟随他人是容易的。

但一个投资经理的核心竞争力，就在于他的认知水平和保持独立思考的能力。毕竟，投资本质上就是不断地展现我们对这个世界的认知。而股票或上市公司只不过是将认知付诸行动的一个载体而已。

由此可见，保持独立思考的能力，保持简单的人际关系，将时间花费在有价值、有意义的人和事上，可能是龚虹嘉给我们带来的最大启示。

---

① 包括"思考更深入、更全面和更独立""改变生产关系和激励方式"及"着眼长远"。

一个价值投资者的"无奈":但斌

他是较早在中国践行价值投资理念的投资人之一。他创办的东方港湾私募基金公司管理客户资产高达百亿元规模。他的言论和举动备受资本市场关注。近两年,他的一些投资举措遭受市场质疑。他是号称"中国巴菲特"的但斌,一个热爱投资事业的中年男人。

但斌的2022年应该有点烦。这个号称"中国巴菲特"的百亿私募掌舵人,在2022年的一系列操作让投资者直呼"看不懂"。

正所谓,欲戴王冠,必承其重。作为一个管理规模高达百亿元的私募大佬,一个经常通过互联网平台写日记的"大V",他的一举一动都暴露在聚光灯下,他的一言一行都受到资本市场的高度关注。2022年3月,但斌旗下的基金产品因基金净值变化较小,被质疑是空仓状态。但斌当时回应称:"做了减仓,保持了10%的仓位。"

完美地躲过下跌,也会完美地错过上涨。这是历史一再证明的事情。保持低仓位运行虽然规避了市场3月的下跌,但也错过了4月底开始的A股反弹。随后但斌加仓美股又遭遇净值回撤，甚至触及了预警线。

一位资产管理行业的老前辈曾经说过，资管行业比演艺圈还要现实，过气的演艺明星可以凭过往的作品偶尔被民众想起，但基金经理如果搞砸了投资，客户翻脸比翻书还快，失去的客户可能再也不会回来了。

所以，投资者对基金经理的质疑，大体上是阶段业绩不佳的缘故。

一

2021—2022年，中国资本市场有不少长期业绩不错的基金经理折戟沉沙。这跟这两年的市场环境和市场特点有很大的关系。

对喜诗糖果的成功投资，让巴菲特意识到，用一般的价格买入非同一般的好企业，长期来看，要比用非同一般的低价格买入一般的企业要好得多。基金经理将其总结为："费价费司[1]"要比"格价格司[2]"更好。当然，如果能以很低的估值买入优质企业，即实行"格价费司"策略，那就更好了。

---

[1] "费价费司"中的"费"是指菲利普·费雪。费雪的基本理念就是要买有成长性的好公司，"费价费司"的意思，就是用一般（合理）的价格买入非同一般的好企业。

[2] "格价格司"中的"格"是指本杰明·格雷厄姆。他是"华尔街教父"和价值投资原教旨主义者，他的基本策略就是"雪茄烟蒂"投资法，即用便宜的价格买入质地一般的企业。

无论是"费价费司"还是"格价费司",其实都是对格雷厄姆原教旨或深度价值投资理念的拓展和补充。用巴菲特的话来说,费雪和芒格教他用合理的价格买好公司的策略,让他"从大猩猩进化到人"。之后,巴菲特在可口可乐、苹果等一系列的成功投资,让优质企业策略进一步发扬光大。

在中国,有一批巴菲特的忠实"粉丝"。他们通过学习巴菲特的优质企业策略,取得了投资上的非凡成功,其中就包括本文的主人公:但斌。

尽管投资者经常拿"保卫3000点"来调侃A股市场,但不可否认的是,A股市场确实存在一批有核心竞争力的好公司。它们有较高且稳定的ROE,也有一定的成长性,现金流也非常优秀。过去一二十年,它们为股东带来了非常可观的长期回报。这些企业集中在以贵州茅台为代表的品牌消费品、以恒瑞医药为代表的医药行业和以腾讯控股为代表的互联网行业。

在对外的多次演讲中,但斌乐于分享他的投资理念和策略,即既买互联网这样的"改变世界的企业",也买品牌消费品,如头部酒企贵州茅台这样的"不被世界所改变的企业"。

但是,这两年发生了很多事情,并且这些事情过去都没有发生过,如互联网行业的反垄断。在反垄断和新冠疫情导致的宏观经济下行的时代背景下,以腾讯控股为代表的互联网企业自2021年2月以来股价不断创出新低。又如医药行业的集采(集中采购)。集采的全面铺开,让部分医药企业承受了巨大的压力。优秀如恒瑞医药这样的老牌药企，2021年的扣非归母净利润竟然出现了上市以来的首次下滑。

此外，最近两年，市场整体更倾向于强成长的逻辑，如新能源、半导体等。市场对快速增长的行业和企业给予了较高的估值，同时并不在意这种增长是否良性、是否可持续，甚至认为增长比现金流更重要。

总之，这些优质企业的投资者发现：一夜之间，过去那套长期行之有效的投资策略，突然之间就变得不灵了。在外界看来，这些老牌投资人都在"吃老本"，不思进取，抱残守缺，没有与时俱进。

这种批评是有失公允的。任何时代，做任何事情，若想取得一些成绩，没有一点执念是不可能成功的。对这些成功的投资人而言，他们之前也经历过痛苦的时期。比如，2012年白酒塑化剂事件和中央出台的"八项规定"对白酒行业造成的冲击，2015年创业板泡沫时"臻品投资策略"的不合时宜，都是近十年之内的事情。

早在2007年，但斌就坦承，在投资上，他经历过四次大的挫折。因此，阶段性的"不合时宜"，并不会对但斌这样的资本市场老手造成太大的困扰。只不过，这一次确实有些不一样。

某私募产品网站显示，2022年初至2022年第三季度末，但斌旗下的200多只基金有将近80只亏损20%以上，且多只基金的净值已经跌破了传统的清盘线。但斌也通过自媒体坦承：自2021年2

月开始，东方港湾业绩没做好。同时，他把所有的责任揽到自己身上。

但是，如果把时间拉长一些，比如5年以上（截至2022年第三季度末），我们发现，但斌担纲基金经理的几只基金，其业绩表现并不差：东方港湾马拉松全球，在6.5年的时间里，累计回报将近350%，年化收益率超过25%；东方港湾利得汉景1期，在7.7年的时间里，累计回报超过300%，年化收益率将近20%；东方港湾东方马拉松一号，在7.2年的时间里，累计回报将近200%，年化收益率超过16%；东方港湾东方马拉松二号，在7.2年的时间里，累计回报将近160%，年化收益率超过14%。

这个业绩，显然跑赢了同期的沪深300指数。

二

巴菲特将伯克希尔-哈撒韦作为一个持股平台，同时，伯克希尔-哈撒韦也是一个上市公司。所以严格来说，巴菲特没有客户，只有股东。

而无论是公募基金还是私募基金，都和伯克希尔-哈撒韦不一样。这些管理人都是在为别人打理资金，打理得怎么样，似乎很容易通过基金净值的方式表现出来。随着基金排名的日渐盛行和投资者耐心的进一步缺失[①]，基金公司为了保住客户，基金经

---

① 基金公司自身也有责任。出于营销的目的，很多基金公司和基金经理会拿自己的短期业绩去对外进行宣传，进而"培养"了越来越多的短视持有人。

理为了保住"饭碗",资本市场的各方力量都开始变得越来越短视。

从过往的数据来看,份额持有人往往是在市场疯狂的时候大举申购基金,而在市场低迷的时候转身离去。这对坚守商业本质、回归投资本源的基金经理来说,是一件非常痛苦的事情。在巨大的排名压力下,指望基金经理的"动作不变形"反而是一件非常困难的事。

如果按照巴菲特的那套标准,即几乎不看宏观,不判断市场,长期持有,可以说,真正践行价值投资理念的人屈指可数。所以有一位投资人说,在公募和私募基金里,几乎没有价值投资者。这句话有些武断和极端,但也不完全是错的。

更有意思的是,出于最大限度保护客户资产的好意,某些代销机构要求基金公司旗下的基金产品设置预警线和清盘线。清盘线的出现,跟资管本身的行业特性有很大关系。说到底,资管是一个服务行业,但它又跟别的服务行业不太一样。

最大的不同是,资管的购买方客户,很难去判断这项服务的好与坏。而同为服务业的某些行业,如电影和餐饮,尽管每个人的体验可能完全不一样,但能给消费者以快速的反馈。电影是否好看、是否值回票价,饭好不好吃,环境是否优雅,客户从影院和餐馆出来之后很快就能得出结论。但资管行业不一样,即便告诉你该基金的中长期业绩,倘若不做业绩归因分析,你也很难得出该基金和基金经理优秀与否的结论。

道理很简单：投资，跟概率紧密结合。我们可以用猴子丢硬币的例子来解释概率问题。假设动物园有1亿只猴子，让它们玩丢硬币游戏。10轮比赛结束，从概率上来说，会有大约10万只（1亿×0.5^{10}≈9.77万）猴子丢出的硬币是连续10次正面朝上（或朝下），但你不能因此而断定这些猴子是丢硬币的高手。

同理，只要基金经理的群体足够大，总会有"幸运的傻瓜"用错误的方式持续赚到钱，但我们并不能说这些"幸运的傻瓜"是优秀的投资人。有别于其他服务业，资管行业是一个高度信息不对称的行业。信息不对称是资管行业诞生"清盘线""预警线"机制的根本原因。

对那些不知道自己在干什么的人来说，清盘线的设置至少不会让客户的资产亏得一毛不剩。这时候的清盘线，其实是"金手铐"。但对那些知道自己在干什么的人来说，清盘线是"镣铐"，一个有清盘线的基金，实际上是戴着镣铐在起舞。

但难就难在，职业投资人如何证明其知道自己在干什么？很难，但不是没有办法。按业内通常的做法可以总结为12个字，即"长期回报，业绩归因，品性特质"。

首先，用3~5年甚至更长的时间去衡量基金经理的投资业绩，如是否跑赢基准、是否有绝对收益等。其次，对基金经理的业绩进行归因分析，诸如选股、择时、风格等。最后，与基金经理进行深入的沟通与交流，对他的价值观、品性和特质进行初步判断，并将该判断与基金表现进行印证。

尽管清盘线可以起到一定的保护客户资产的作用，但总体来看，清盘线的设置是不合逻辑的。

首先，任何企业的股价，短期都有可能在没有任何理由的情况下下跌10%、20%甚至更多。在大熊市，组合中的股票"共振"，同时下跌10%、20%也是再正常不过的事。比如，伯克希尔-哈撒韦和贵州茅台这么优秀的企业，其股价也多次出现腰斩。这种情况一旦发生，可能会导致部分基金直接清盘或离清盘线近在咫尺。如果组合中的企业是优秀的，下跌显然是释放风险的过程。对一个职业的基金经理来说，正确的做法应该是继续买入或持有，而不是迫于清盘压力选择卖出。如果被迫卖出，基金在该投资标的上的浮亏就变成了实亏，过去的坚守也变得毫无意义。

其次，清盘线的设置，背后还有一个"投资可择时"的逻辑假设。在某些客户（也有可能是某些销售渠道或基金经理）看来，投资是可以做择时的。在他们看来，当一个基金净值回撤至清盘线的时候会继续下跌，有可能十八层地狱之下还有十八层地狱。但从长期的投资实践来看，择时其实是个伪命题。

最后，清盘线并没有起到"保护该保护的人"的作用。清盘线的设置初衷是保护客户，即基金的份额持有人。但实际结果事与愿违。基金触及清盘线之后选择清盘，虽然防止了基金短期亏损进一步扩大，但客户的损失是实实在在的，是既成的事实。

对基金管理人和基金经理来说，如果它/他愿意冒一点儿道德风险，它/他完全可以选择把这个基金清盘，然后再新发一个基金（对有一定规模的基金公司来说"清后再发"并不难）。如果算经济账，基金管理人和基金经理这么做其实更划算，因为老基金从清盘线回到可提业绩报酬的净值，得上涨25%以上才行（假设清盘线0.8元，基金超过1元即可提取业绩报酬）。但新基金，在同样的提取业绩报酬的规则下，其业绩报酬会丰厚得多，获得报酬的时间也大大缩短了。

因此，很显然，清盘线的设置是"好心办坏事"的典型，存在的价值和意义不大。但斌就曾抱怨过，基金预警线和清盘线的设置提高了投资的难度，决定以后不发行有此类限制的产品了。

三

如果说但斌的短期业绩不佳影响的是持有人的体验，那么，2022年3月近乎空仓的操作让职业投资人和同行也"一脸蒙圈"。

当市场极度疯狂、企业股价远超过其内在价值时，真正的价值投资者往往会选择降低权益头寸，或干脆卖光手中的股票；当市场低迷时，真正的价值投资者往往能克服恐惧的心理，在他人的慌不择路中不慌不忙地增加权益头寸和买入股票。

这就是巴菲特所说的，他人贪婪我恐惧，他人恐惧我贪婪。

但2022年3月的市场环境并不好，很多企业的股价已经持续下跌了很长一段时间。同时，从公司基本面来看，并没有明显恶化的迹象。作为巴菲特的拥趸，但斌的操作确实令人费解。从某种程度来说，他完全违背了巴菲特的核心思想，并且事后来看，他一系列操作的结果也不甚理想。

从投资的逻辑看，好公司，比如A股市场的品牌消费品，在历经2021年分子部分（股价）的下跌和分母部分（每股收益）的增长之后，其在2022年的估值跟2020年相比已经下降了不少。

如果在2020年因为投资标的太贵以及实在找不到可投资的品种而选择减仓，我想，质疑者应该会少很多。而在2022年3月这个阶段选择减仓，或许可以理解为：在但斌看来，宏观经济下行压力空前，即便有竞争力的企业，恐怕也难以规避阶段性业绩大幅下滑的压力。

他确实也对外表达过，自己对俄乌冲突和新冠疫情走向的担忧。如果这个判断是对的，在股价下跌中选择卖出也无可厚非。毕竟如果企业业绩大幅下滑，企业估值完全可能出现股价越跌越贵的情况。能提前预判企业未来经营状况，并克服"损失厌恶"卖出投资标的，那是老手所为。

但仔细想想，还是觉得逻辑不能自洽。毕竟，好公司，哪怕竞争力优势明显的企业也有可能出现阶段性经营压力。从"买股票就是买企业"的逻辑出发，我们不太可能因为企业碰到阶段性的经营困难就选择卖出，尤其在企业的股价已经部分反映了市场担忧的情况下。

他作为一个资管行业的老人，不可能不明白这个道理。所以，要理解他的行为，只能从资管的生意角度去看，如果产品触及预警线和清盘线，按照合同要求，本着契约精神，该降仓位降仓位，该清盘清盘（或签补充协议），这没啥好说的，外人也不容置喙。

东方港湾能走到今天，一方面是因为但斌的业绩和影响力，另一方面得益于第三方渠道的努力。通过直销渠道，约束会少很多，但募集资金的难度也大很多；通过第三方渠道，募集资金相对容易一些，但约束也不少，如预警线和清盘线的设置。

经济学有一个词叫"机会成本"，意思是一个人或组织在作选择的过程中所失去的最大代价。也就是说，只要是选择，都会有成本。正所谓，鱼和熊掌不可得兼。如果想把生意做大，就要按行业的规则办事，预警线和清盘线，可能一条线都不能少。

如果没有这两条线，就募不到钱，生意就做不大。这可能就是资管行业和但斌的无奈之处吧！这个无奈，本质上是投资初衷让步于资管生意的无奈。

四

在《时间的玫瑰》一书第五篇中，但斌写道：

累了，索性找了一处阴凉地躺了下来，闭目思想间，张弘问我在想什么？我说在想17年前，当我从几十米深的污水泵上来时[1]，随便躺在泵房旁的地方仰望天空中南去的白云时的情景。

---

[1] 但斌大学毕业后曾在开封化肥厂供水车间做过钳工。

我无论如何也想象不到17年后的今天，我会在华盛顿看着野鸭与海鸥在林肯纪念堂前自由嬉戏、飞翔……

实事求是地讲，但斌的职业生涯起点并不高。他本科毕业的河南大学，拿现在的标准来衡量，既不是"985"，也不是"211"。他也不是科班出身，本科的专业是体育理论。不过，在自学了两年股票之后，他进入一家投资咨询公司担任股票分析师，从此开启了他的股票投资生涯。

在那个投机风气盛行、众人还不知道"价值投资为何物"的年代，但斌却一直坚持价值投资，也正是因为他对价值投资的选择和坚持，让他在后来赢得了收益和声誉。

在担任国泰君安分析师以及大鹏证券首席投资经理期间，但斌就不断对外推荐五粮液、贵州茅台、同仁堂、万科等优质企业，而这些企业在后来无一例外地出现了大涨，但斌也开始声名鹊起。

2004年，成立东方港湾投资公司后，他又凭借着重仓招商银行、贵州茅台、万科获得了超额收益。在但斌的投资生涯中，贵州茅台就像是贴在他身上的标签。他在公开场合屡次唱多茅台。在但斌的微博上，有超过5000条的微博都关于茅台，他毫不掩饰对贵州茅台的看好，表示"茅台一万年不会崩盘""如果有资金，想将茅台整个买下来"。

正是对优质企业的坚定看好，让但斌从之前一名默默无闻的钳工，最终成为A股"价值投资代言人"。

功成名就的但斌，没有忘记回馈社会。2020年7月30日晚，但斌发微博称，向其母校河南大学捐款1699万元，作为"河南大学东方港湾高山创新奖基金"。2021年2月5日，但斌再次向母校捐款1600万元，用于河南大学新校区建设。2021年2月18日，但斌还分别向上海粉红天使癌症病友关爱中心捐款200万元，向云南青少年发展基金会捐款200万元，向爱佑慈善基金会捐款100万元。在革命老区江西赣州于都县，但斌向于都县红十字会捐款100万元，用于葛坳乡桐溪村黄经耀将军故居修复及配套设施整体提升项目。这些捐款，只不过是他对外捐赠的一部分罢了。

我们说，价值投资本质上是赚企业成长和价值创造的钱，所以是一种多赢的人生选择。如果企业成长了，作为它的股东，哪怕是小股东，也可以分享到企业成长带来的收益。基金份额的持有人，可以通过基金间接地分享到企业成长的回报。国家财政可以分享到企业成长带来的更多的税收收入。企业产品的消费者也会因为企业的成长壮大享受到更好的产品或服务。

而投机是一个零和博弈，甚至是负和博弈，因为投机的过程会产生摩擦成本，它创造不了社会价值。当然，投机也不违法。

尽管价值投资这条道路很难走，甚至在某些时候令人痛苦万分，但毫无疑问，它应该是一条"最不容易犯错"的道路，或者说是一条"最不坏"的道路。

价值投资在中国到底有没有前途？我想，但斌已经给出了答案。

◇ 投资人视角

在投机盛行的年代，但斌以他全面拥抱优质企业的坚定信念赢得了巨大的投资回报和广泛关注。

但斌是一个喜欢把自己放在镁光灯下的人，我们从他微博的更新频率就可见一斑。这样一来，无论对与错，都会被外界无限放大。这也让他成了一个备受关注和争议的人。

每个行业都有生态圈，私募行业自然也不例外。一个大型私募基金公司，应该是一个能完美平衡股东、客户、员工和渠道多方利益的组织。牵扯的利益相关方越多，掣肘和制约也就越多。但是，也正是因为这些掣肘和制约，才造就了今天的东方港湾。

所以，这实际上是一个关于"选择"的话题。经济学告诉我们，但凡选择，都要付出成本。所谓成本，就是你所付出的最大代价，即机会成本。一个人选择了创业，那他就必须放弃其他职业带来的种种好处和利益。

作为职业投资人，每个人的资源禀赋和能力圈是不一样的，这也就决定了每个投资经理的机会成本是不一样的。所以，对一个投资经理来说，一个投资标的的选择，本质上是个人能力圈内机会成本比较的结果。

一个理性的投资人，大部分时候反而是有自己的坚持的。打个比方，如果一个投资经理只懂A、B、C三个行业，即便D、E、F、G几个行业的潜在回报率更高（在其他人看来），但他只在A、B、C中作选择，也是没问题的。当然，至于在A、B、C三个行业中选择哪些企业，这又牵扯了潜在回报率的计算和比较问题，在此就不过多地展开了。

一个公募基金经理的"倔强":张坤

他是第一位管理客户资产规模破千亿元的公募基金经理。他愿意长期持有商业模式突出的"臻品企业",极低的换手率在公募群体中是一个另类。在A股强波动的市场环境,他几乎不择时,高度集中的持股风格也曾引起较大的争议。他博览群书,是低迷市场环境的"心理按摩师"。他是张坤,可能是中国资本市场一位最接近沃伦·巴菲特的公募基金经理。

2021年1月,一条重磅信息在资产管理行业不胫而走:易方达基金公司的基金经理张坤,成为首位千亿级公募基金经理,其管理的客户资产规模在2020年底高达1255.09亿元。

这个管理规模放在10年前,就是一个头部基金公司的体量。直白一点说,如果将张坤视为一个基金公司,然后和10年前其他60家基金公司的管理规模作比较,他可以排在第4位,位于他老东家易方达基金公司之后、南方基金公司之前。

即便放在2020年底,在157家公募基金公司中,也可以排在第38位,即诺安基金公司之后、海富通基金公司之前。如果剔除货币市场基金，他可以排在第30位，即大成基金公司之后、华泰柏瑞基金公司之前。

事实上，要不是易方达基金公司主动限购，张坤管理的基金规模大概率不会止步于此。2020年9月和11月，易方达中小盘①连续发布限购公告。其中，11月的公告，直接将交易限额从5万元调整到5000元。

每个成功者，都是时代之子。

2019年、2020年两年，A股迎来阶段性的牛市。截至2020年底，上证指数、深证成指、创业板指和沪深300指数分别较2018年末上涨了39.26%、99.88%、137.20%和73.10%。以公募基金为代表的机构投资者的业绩也在这两年迎来高光时刻。比如，2019年有5只明星基金的收益率突破100%，而2020年，收益率超100%的基金更是超过100只。

房住不炒、存款搬家等居民资产再配置的需求，也让居民的一部分钱从房产投资、储蓄转移到了理财。同时，随着资管新规的全面落地和理财产品净值化管理，之前居民偏好的银行理财，逐步让位于公募基金这种标准化的可以分享股权增值收益的理财方式。

此外，在移动互联时代，基金买卖更加便捷。基金公司除了大力推进线上化、自建App之外，还与互联网平台公司深入合

---

① 现已转型改名为"易方达优质精选（QDII）"。

作,这让基金"出圈"有了更大的群众基础。

但是,一味地强调时代的作用,也容易抹杀个人的努力。对基金经理张坤来说,他能登上公募基金之巅,显然不仅仅是因为拥有"远在星辰之外的好运气"那么简单。

毕竟,从籍籍无名到名扬天下,他花了足足8年时间。

一

2008年,在清华大学获得生物医药专业硕士的张坤加入了易方达基金公司做研究员,从此开启了自己在资产管理行业的职业生涯。4年之后,他正式成为易方达中小盘的基金经理。

就像沃伦·巴菲特由早期的"雪茄烟蒂投资法"进化到"优质企业投资法"一样,张坤的理论框架也经历了迭代进化的过程。在早期的定期报告中,张坤看好的方向比较宽泛。行业方面,选择符合经济转型方向、具有政策支持和市场空间广阔的行业。个股方面,重点选择长期逻辑清晰、竞争壁垒高以及管理优秀的两类企业:一类是经过时间考验的行业龙头公司,另一类是经营模式有特色的中小公司。

到了2020年初,张坤对自己的理念进行了修正:坚持深度研究,选择生意模式优秀(生意本身能够产生充沛的自由现金流,并且管理层能明智地处理好企业的现金流)和企业竞争力突出(同行中具备显著领先的地位,相比上下游有较强的议价能力)的高质量企业。说直白一点儿,就是从此以后要转向对优质企业的集中投资。从他的持仓变化上，我们也能看出张坤理论框架的迭代和进化。

早期的张坤在行业的配置上比较分散，如房地产、电子等行业均有涉及。但随着投资经验的不断丰富，他的持仓基本分布在有强大竞争优势且能产生良好现金流的企业上。尽管在行业和具体标的的选择上，如今的张坤和早期略有不同，但他的核心理念并没有发生根本性的变化。他的核心思想就是寻找到高质量的企业，然后陪伴企业长期成长，赚企业成长和价值创造的钱。

这可以从他的定期报告和持仓中持续得到印证。

资本市场总是给人以容易赚快钱的错觉，面对资本市场的起起伏伏，保持定力是很有难度的。也就是说，在投资中，不做什么比做点儿什么或什么都做难多了。

在刚接手易方达中小盘的头几年，易方达中小盘表现中规中矩，2014—2015年连续两年跑输业绩比较基准，所以，那时候的张坤并没有引起投资者的注意。因为业绩不突出，基金还遭受了投资者的大额赎回。从接手时算起，在3年半时间里，易方达中小盘的份额净赎回高达70%。

在2015年中小市值股票大牛市中，张坤的同事宋昆管理的易方达新兴成长基金在5个多月的时间净值就上涨近2.5倍。而当年易方达中小盘年内的最高收益也不足50%。人之所以不幸福，就在于彼此间的不断比较。所以，哲学家萨特说："他人即地狱。"我们很难判断，当时的张坤承受了多大的压力。

不过，在他2015年年中报告中，我们没有看到这种压力的影子。他在报告里写道：

以创业板为代表的中小市值公司在一季度大幅上涨，大小市值股票的估值差距被进一步拉大。很多中小市值股票被给予了高成长预期，在估值和预期如此高的情况下，未来能否兑现依然存疑。

对于中大市值公司来说，不少公司在长期的竞争中已经形成了坚固的竞争壁垒，资产负债表和现金流十分健康，其成长速度不快却很扎实，其估值反映的是对中期前景的较为悲观的预期，其估值跟国际市场和历史水平相比也具有吸引力。

互联网泡沫破灭前，巴菲特的业绩非常惨淡。1998年纳斯达克指数上涨39.6%，巴菲特当年的投资回报率是0.5%；1999年纳斯达克指数上涨85.6%，巴菲特当年的收益率是-6.2%。拒绝投资互联网的巴菲特被有些媒体形容为"堕落的天使"。所以，2014—2015年的张坤，应该算是真实地体验了一把巴菲特在1998—1999年的感觉。

虽然短期业绩并不突出，但张坤的长期业绩非常显眼。截至2021年1月20日，易方达中小盘的累计收益率为731.39%，成立以来的年化回报超过25%。易方达蓝筹精选累计收益率为208.68%，易方达新丝路灵活配置、易方达亚洲精选混合的收益率均超100%，2020年6月新成立的易方达优质企业的收益率达40.98%。

二

2019—2020年，张坤的易方达中小盘累计获得超过200%的回报，在同类型基金中排名靠前。能获得这个业绩，当然跟他的理念和持仓紧密相关。

2019—2020年是优质企业价值重估的两年，优质企业的标杆——贵州茅台在短短两年时间大涨247.67%。而自2013年以来，贵州茅台一直是张坤掌管的易方达中小盘基金的重仓股。是的，你没有看错。贵州茅台这家企业，他持有了将近十年，几乎跟他基金经理的职业生涯一样长。

他在贵州茅台这家企业上赚到的钱，显然是一个天文数字。这让人想起了巴菲特对可口可乐的投资。可口可乐作为巴菲特的重仓股，从1988年开始，一直被巴菲特持有到现在。可口可乐公司自1919年上市以来，在100年左右的时间里，股价上涨了将近50万倍。

突出的业绩当然也受益于他持股的高度集中。从具体持仓看，以白酒为代表的品牌消费品几乎占了张坤的"半壁江山"。以至于外界频频调侃道："经过20年的发展，易方达基金公司已经成为世界第三大酒庄。"

但张坤对外界的调侃不以为意。在他看来，无论在哪个资本市场，真正具有强大竞争力的企业少之又少。在A股市场，以高端白酒为代表的品牌消费品，行业竞争格局清晰，商业模式最好。对一个知行合一的基金经理来说，如果不买这样的企业，那还能买什么呢？如果说集中是极致，过度分散是否也是一种极致呢？

其实，无论在公募还是私募，喜欢配置中高端白酒企业的基金经理不在少数。理由也简单，中高端白酒企业非常吻合行业和企业竞争力分析的逻辑框架。基金经理们通常会用到波特五力模型[1]去分析一个行业在产业链中的地位。如果将所有的申万二级行业[2]放在波特五力模型的框架下进行分析，中高端白酒行业的优势是显而易见的。

波特五力模型中的第一个"力"——潜在竞争者的进入能力。白酒行业的准入门槛很高，主管部门基本上不会批准设立新的白酒企业。

第二个"力"——行业内竞争者的竞争能力。白酒行业的竞争非常有序，因为白酒行业跟文化相关，几乎每个企业都有自己独特的文化，所以尽管都叫白酒，但差异很大。否则就无法解释为什么白酒上市企业的毛利率和净利率如此之高了。职业投资人应该能发现，大部分行业的竞争是打价格战，但白酒行业的竞争是提价。

---

[1] 提出者是哈佛大学商学院教授迈克·波特。
[2] 一种行业分类方法。

第三个"力"——替代品的替代能力。以前,很多投资人以为红酒会是白酒的替代品,如今看来根本替代不了。

第四个"力"——购买者讨价还价的能力。白酒的下游是经销商,终端是饮用者或收藏者,他们相对于有强大品牌优势的中高端白酒企业,讨价还价的能力很弱。

第五个"力"——供应商讨价还价的能力。白酒的供应商是种植高粱和小麦的农户,他们相对于强大品牌优势的白酒企业,只能是作为价格的接受者而存在。

此外,中高端白酒在其他方面的优势也很突出。

比如,它们是"一尺跨栏"的行业,研究难度相对比较小;它们被需要,永不过时,跟我们的生活息息相关;它们的护城河够宽,尤其是高端白酒,那是企业长期市场竞争形成的核心竞争力。

又如,有提价能力。在商业的世界,绝大部分产品的需求会饱和,也就是说量的部分会触碰天花板。但如果一个企业有提价能力,那么企业成长的持续性就会非常好。

再如,白酒行业属于轻资产行业,ROE非常高。而ROE是一个非常重要的指标,能很好地反映企业自身的盈利能力,是连接金融投资和企业经营的桥梁和纽带。

还如,企业经营稳定,业绩具有一定的可预测性。在A股5000家企业中,业绩具有一定可预测性的企业屈指可数。我们如果能大概判断出企业未来能赚到多少钱,然后给予一定的估值

（拉长时间看，企业估值会在区间内波动），就可以推算出企业大概能达到多少市值，而以现在的市值买入，能赚到多少回报也是可以计算的。

所以说，以优质企业为标的的价值投资，其最伟大之处可能就在于将一个原本不确定的事情，变成了一个功到必成的事业。

由此来看，与其说张坤的持股高度集中以及过于集中某一个行业，倒不如说是他"臻品投资"理念下自然而然的结果。在集中还是分散的问题上，巴菲特的观点跟张坤基本一致："要是我们能找到六个好生意，就已经足够分散了，靠第七个最好的生意发家的人很少。"当然，过度集中于某个行业，一旦市场风向发生变化，基金净值将面临巨大的波动。

在接受访谈时，张坤对自己的集中持仓模式有着自己的坚持。在他看来，要想获得收益就必须承担相应的风险。面对外界的批评，张坤曾"倔强"地回击道："撒胡椒面"式的过于均衡的投资也是一种极端的风格。

2021年以来，互联网、白酒行业上市公司股价表现疲弱，张坤管理的基金表现也欠佳。截至2022年10月26日，易方达优质精选近一年的收益率是-37.21%，跑输沪深300指数10个百分点。

三

在经济学家欧文·费雪看来，人性是不耐的。这个不耐，就是缺乏耐心、不耐烦的意思。大部分的基金份额持有人，也是不耐的。不耐的底层逻辑，应该是跟漫长的生物演化逻辑紧密相关。

如果只是用业绩，尤其是短期业绩去评价一个基金经理优秀与否，是一件非常危险的事情。就以美国长期资本管理公司（LTCM）为例。1994年成立当年，LTCM就创造了28%的利润率（扣除管理费后为20%）。1995年，LTCM获得了惊人的59%的投资回报（扣除管理费后利润率仍高达43%）。1996年，LTCM实现了57%的利润率（扣除管理费后为41%）。1997年，LTCM取得了25%的投资回报率（扣除管理费后为17%）。

在50个月之内，基金实现了约40%的年化复合收益率和185%的总资本收益率，基金资产由最初的12.5亿美元上升到48亿美元。当时的美国《机构投资者》杂志把LTCM评选为全球最好的投资工具。然而，在1998年3—9月，该基金在短短6个月整整亏掉50亿美元，甚至在某一天之内就亏掉了5.53亿美元。

张坤是一个长跑型选手，他的长期业绩非常突出，至于短期业绩怎么样，很难预料。这跟跑步是一样的道理：马拉松衡量的是运动员的耐力，而非爆发力。跟其他大部分基金经理相比，张坤的业绩带有某种可预测性。他持有的几乎都是行业竞争格局稳定的成熟型企业，这些企业的业绩增速不一定很快，但比较稳定，确定性也比较强，哪怕碰到极端情况，也很难造成毁灭性打击。至少，不会连渣都不剩。

但即便如此，我仍然认为，识别一个基金经理的投资能力是非常困难的，我对于某些金融从业人员信心百倍地向他人推荐基金的行为感到深深的忧虑。基金经理的长期业绩只是评价其能力的一个维度和起点，在查询业绩的同时，做业绩归因分析可能更为重要。我们应该试着去了解基金经理是通过什么样的方式获得这个收益，这种方式是否可以重复，基金的业绩是否具有可持续性，等等。

信心爆棚、把自己的胸脯拍得嘭嘭作响的基金经理，有可能是一个无知者无畏的自大狂。而一个其貌不扬甚至有些唯唯诺诺、说话总是模棱两可的基金经理，反而有可能是一个优秀的基金经理。

张坤博览群书，他曾向别人推荐《德川家康》这本书。德川家康是一个胆小懦弱之人，毫无英雄气概。论军事才能，不如武田信玄[①]；论雄才大略，不如织田信长；论人情世故，不如丰臣秀吉。但资质平平可以跟曾国藩相媲美的一个人[②]，最后夺得了天下，成就了霸业。

究其原因，一方面是有足够的耐心。德川家康曾言，人生有如负重致远，不可急躁。另一方面是不犯致命错误。德川家康戒

[①] 号称"甲斐之虎"，一代战神。

[②] 曾国藩考秀才考了7次，直到23岁才考上，还是以倒数第2名的成绩考上的。同期的左宗棠14岁参加县试位列第一，李鸿章17岁中秀才，梁启超11岁中秀才、16岁中举人。曾氏家族的天资也不突出，曾国藩老爹一生考了17次秀才，直到43岁才遂愿。

马一生，从不孤注一掷，从不让自己陷入绝境。

投资又何尝不是如此呢？成功的投资，专业是前提，它可以大体保证不犯致命之错。但耐心，可能才是决定成就大小的最关键要素。

◇ 投资人视角

张坤"倔强"的背后，是他知行合一的完美体现。有一位前辈曾言，"知行合一"是品行也是能力。

在公募行业，要保持知行合一远比想象中难得多。巴菲特"发明"了一个词，叫"机构强制力"。他说，原以为任何正常、聪明和富有经验的管理人都会作出合理的决策，但实际情况并不是这么回事。恰恰相反，理性的态度，在"机构强制力"的影响下，都会慢慢变质。所谓"机构强制力"，通俗一点来说，就是一些约定俗成的规矩和习惯。

在公募基金行业，条条框框的东西有很多，如仓位的要求、单个投资标的持仓限制等。公募以追求相对收益为目标，追求的是相对排名。在这种考核机制下，一个"理性"的基金经理不会要求自己有多好，他只需要盯住同行，只要比同行好一点儿，他的岗位和奖金就保住了。

在这种思维习惯的浸染下，愿意长期持有一些企业、赚企业成长和价值创造的钱的基金经理，可能比大熊猫还稀少。但张坤做到了。他就像是公募行业的"孤勇者"，只买自己看得懂的好生意，且坚定地长期持有。

"配置"这个词很流行，同时公众对这个词的误解也很深。"配置"不是要求我们什么资产都买，什么都来一点儿。恰恰相反，"配置"的本意是选择，因为选择才是关键。

如果把时间拉长，股权类资产的回报率远远超过其他大类资产。所以，投资中的资产配置，其实是提醒我们应该着眼长远，加大对股权类资产的配置。

如果回归投资的本源，真正从实业和生意的逻辑去看待投资，那么所谓"配置"，其实是提醒我们，应该把主要资金配置在我们能搞懂的生意上，因为我们真正能搞懂的东西少之又少。

投机者篇
几度夕阳红

投机者篇
几度夕阳红

在很多人看来,投资需要非凡的勇气。实际上,投资根本不需要勇气,用1角钱买入价值1元钱的东西,需要勇气做什么?由此看来,只有投机和博弈才需要勇气。

本篇中的人物,恰恰拥有惊天的勇气和魄力。航海家哥伦布,仅凭自己对"地圆说"的深信不疑,就敢闯荡未知和凶险的"新世界"。随口这么一说,未免显得有些轻描淡写了。毕竟,他的"募资"过程也历经曲折。有时候,我不免会这么想,如果我们有哥伦布做事一半的决心和勇气,很多困难压根儿就不能算困难,世间诸多不可能之事也完全成为可能。

在金融投资行业,利弗莫尔是最知名的投机者。他敢下重注,赚了很多钱,即便在他自杀之前,也非常有钱。很多人以为他是因破产而自杀,其实不然。他自杀是因为他在拥有大量财富的过程中,也逐渐失去了一些东西。他有钱,但不能说他很富有。

利特尔也是一位著名的投机者。在知名度方面,他可能不如利弗莫尔，因为有人为后者立传。但即便如此，也值得把利特尔介绍给读者，也值得让更多的人知道，这个世界上曾有利特尔这么一个人存在。利特尔的投机人生跌宕起伏，其投机事迹在投机江湖广为传颂。利特尔的投机方式跟前几代人还不太一样。他很干净，只用自己的钱投机，也从不去祸害他人。

保尔森是一个离我们更近的投机者。在次贷危机中，他做了一个"最伟大的交易"，其赚取的回报让索罗斯、西蒙斯等人相形见绌、黯淡无光。

投机并不犯法，投机最大的问题可能是无法持续地赚到钱。有不少人用格雷厄姆、费雪和巴菲特的投资方法获得了不错的投资回报，价值投资的群体也在持续地扩大。但长青的投机者，若让我举若干个例子，恐怕真的让我有些为难了。

投机者篇
几度夕阳红

一个冒险家的历史遗产：克里斯托弗·哥伦布

他是一个有梦想的冒险家，率领船队发现了美洲大陆。他的发现推动了人类历史的进程，具有重大的现实意义。他就是哥伦布，一个推动新旧大陆融合的航海家。

1492年10月11日晚，一艘帆船航行在一望无际的大西洋上，一位船长模样的人站在"圣玛丽亚"号船头。他不时地望向远方，神情有些焦虑。

大概在70天前[①]，他受西班牙国王派遣，怀揣着给印度君主和中国皇帝的国书，率领"妮娜""平塔"和"圣玛丽亚"3艘帆船，带领近100个船员，从西班牙巴罗斯港扬帆出大西洋。他没有像之前的葡萄牙探险家那样朝东南方向绕过非洲好望角，而是一直向西穿过大西洋。他显然相信地球是圆的。地球是圆的没错，只不过他算错了距离，很显然，地球比他想象的要大得多。

连续60多天的乏味航行，船长和船员们连大陆的影子都没看

---

① 1492年8月3日。

到。他们眼看淡水等物资就要被消耗殆尽了,心中难免有些焦虑、惶恐和不安。就在船长和船员们发愁之际,海面上漂来一根绿色的芦苇,在一片汪洋中尤为扎眼。

绿色,是生命的颜色,代表着希望。之后,他们又陆续发现了藤茎、小树、木棍、木板。陆地,就在前面。希望,就在前方。

晚上10点,船的正前方出现了亮光。第二天凌晨,船员们看见了陆地。船长按捺住心中的狂喜,冷静地命令船员收帆下锚停船,等待天亮,以保安全。

1492年10月12日,是人类历史进程中极其重要的一天。西班牙将其定为国庆节,美洲十多个国家把这一天或前后日期定为"美洲发现日"。为纪念该船长,这一天又被以其名字命名为"哥伦布日"。

没错,这位船长就是哥伦布。此刻的他应该没有意识到,他的发现对人类社会的发展具有多大的现实意义。

一

哥伦布一直以为自己找到了印度,其实,他只是意外地到了美洲大陆。具体一点来说,他这次航行抵达的地方是中美洲巴哈马群岛一个叫作"圣萨尔瓦多"的地方。他之前完全没有预料到,在他到达东印度群岛之前会遇到一大片陆地。他把在新世界遇到的土著人称作"Indian",即"印第安人"。

突破陆地封锁，通过海上航线争夺对东方世界的殖民权，并代表皇室联络统治东方的蒙古大汗，东西夹击穆斯林，是哥伦布此次海外冒险的重要动因；而对黄金、香料和珠宝的需求是哥伦布海外冒险的另一个重要动因。

13世纪，威尼斯商人马可·波罗在欧洲以口述的方式讲述了他经由地中海、欧亚大陆在中国游历17年的所见所闻，给世人留下了宝贵的《马可·波罗游记》。《马可·波罗游记》中关于中国和日本的财富无穷神话在当时的欧洲广为流传，激起了欧洲人的无限遐想。

其中，一个关于日本的财富故事是这么说的：

那个岛（日本）的领主有一个巨大的宫殿，是用纯金盖的顶。宫殿所有的地面和许多大厅的地板都是用黄金铺设的。金板有如石板，厚达两指。窗子也用黄金装成。

关于中国的泉州港，则是这么描述的：

那里的来往客商之多，超过全世界其余港口的总和。在这个港口卸下胡椒的船只，一年之中就达一百艘，运进其他香料者还不在内。

哥伦布出生在热那亚[①]的一个工人家庭。

他年轻时非常推崇曾在热那亚坐过监狱的马可·波罗，也立志做一名航海家。当时，"地圆说"已经很盛行，哥伦布也对其深信不疑。他曾先后向多个国家的君主、诸侯、公爵和伯爵请求资助，以实现他向西航行抵达东方国家的宏伟计划。

但是，他的请求遭到了无情的拒绝。一方面，"地圆说"的理论尚不完备，很多人根本不相信这个理论，于是把哥伦布看成江湖骗子。其实，即便现在，仍然有人相信地球是平的。比如，美国地平协会，就是一个仍然坚信"地球是平的"的组织。另一方面，当时的西方国家对东方的物质财富需求除传统的丝绸、瓷器和茶叶外，还有高利润率的香料贸易。来自亚洲国家的商品主要经传统的海、陆联运商路运输，而经营这些商品的既得利益集团也竭力反对哥伦布开辟新航路的计划。

此外，还有一个重要原因，是哥伦布提出了一些过分的要求，比如他要求得到"航海司令"的头衔，分成比例高达10%的战利品回报，并且要求将他发现的每个国家的总督权过继给他的子孙后代。

哥伦布为实现自己的计划，到处游说了十几年。哥伦布是意大利人，他率先在意大利寻找他的资助者。但当他把他的想法跟意大利的诸侯们分享的时候，诸侯们都说他精神不正常。随后，

---

① 热那亚：意大利利古里亚大区和热那亚省的首府，是意大利最大的商港和重要的工业中心。

哥伦布向一位法国公爵发出资助请求,这位法国公爵断然拒绝,并说道:"这简直太荒唐了!"哥伦布继而向葡萄牙国王求助。国王笑而不语,哥伦布感觉受到了冒犯。

接下来,哥伦布又跑到了西班牙。他先是向一位公爵请求帮助,这位公爵嘲讽道:"多么愚蠢的想法啊!"接着,哥伦布又跑去游说西班牙伯爵,伯爵尖叫起来:"这简直就是挥霍宝贵的黄金!"绝望的哥伦布只好又去请求西班牙国王和女王,希望他们能伸出援助之手,哪怕是提供几艘小船也行。

这是哥伦布的第六次游说了。没有任何悬念,西班牙国王和女王听了他的想法后也拒绝了。

二

但是,哥伦布并不想放弃。牛人之所以是牛人,都是有执念的。

他继续向西班牙国王和女王阐释自己的想法,再次请求他们的支持。这是哥伦布的第七次游说。他很幸运,这一次,女王伊莎贝拉一世松口了,答应给哥伦布提供三艘小船,甚至要拿出自己的私房钱来资助哥伦布。同时,女王授予哥伦布"海上大将"的称号,任命他为所发现岛屿和陆地的总督,并准许他从这些地方的商品和投资所得中抽取提成。

有人把伊莎贝拉称为"一位伟大的风险投资家"。因为正是她的慷慨解囊,成就了哥伦布的壮举,并让西班牙王国成为第一个日不落帝国。伊莎贝拉是一个聪明人,她显然懂得投资的真谛。在她看来,哥伦布的航海计划付出的代价并不算多,万一真的有所发现,回报将是难以估量的。

拿资管行业的行话来说,就是:资助哥伦布的冒险,对资方伊莎贝拉来说,其向下风险有限,而回报空间不受限。也就是说,于伊莎贝拉而言,哥伦布的航海计划就是一项"凸性"资产。

不过,有人会问,为什么伊莎贝拉一世之前拒绝了哥伦布的第六次游说呢?理由很简单。在1492年之前,连续多年的内战导致西班牙国库空空如也,战争既劳其(伊莎贝拉)心,又劳其力,还费其钱。无论于国家、家庭还是个人而言,眼前的苟且比诗和远方更重要。就像政治课本说的那样:经济基础决定上层建筑。

1492年,伊莎贝拉女王终于征服了最后一个被穆斯林统治的格拉纳达王国。至此,经历了7个多世纪的"再征服运动"结束,西班牙也完成了统一。正所谓,人逢喜事精神爽,征服了格拉纳达的伊莎贝拉心情大好。在征求多人的意见后,女王和哥伦布签订了合同——《圣塔菲协定》,哥伦布这个GP(普通合伙人)几乎得到了他想要的一切。

我们从《圣塔菲协定》的两条重要协议中可见一斑:

海洋的领主陛下从此赐克里斯托弗·哥伦布以"唐"的贵族

封号，委任他为所发现的海岛和大陆的司令，在他逝世之后，这个封号和属于他的所有权力将由他的继承人继承……哥伦布被封为所发现和夺得海岛和大陆的总督，为了管辖每片发现土地，有权选出管理者……

所有的交易商品，无论珍珠、宝石、黄金和白银、香料或其他货物……凡在司令管辖区内购买、交易、发现或夺得的，他都有权得到十分之一的利润……其余十分之九的则应呈献陛下。

而作为LP（有限合伙人）的伊莎贝拉女王，在承担了有限的责任之后，获得了海外冒险的绝大部分收益。

三

在哥伦布的一生中，他有过四次大航行。

第二次航行始于1493年9月，哥伦布带领17艘船从西班牙加的斯港出发。此行的目的是到他所谓的亚洲大陆印度建立永久性的殖民地。参加此次航海的人员多达1500人，包括王室官员、技师、工匠和军人等。1494年2月，因为淡水、粮食短缺等，大部分船只和人员先行返回西班牙。哥伦布继续率船3艘在古巴岛和伊斯帕尼奥拉岛以南水域进行探索"印度大陆"的航行。他的船队先后抵达多米尼加岛、背风群岛的安提瓜岛、维尔京群岛和波多黎各岛，于1496年6月11日回到西班牙。

第三次航行始于1498年5月30日。哥伦布率船6艘、船员近

200人，从西班牙塞维利亚出发。此次航行的目的是证实在前两次航行中发现的诸岛之南有一块大陆[①]的传说。7月31日，船队到达南美洲北部的特立尼达岛，以及委内瑞拉的帕里亚湾。这是欧洲人首次发现南美洲大陆。此后，由于哥伦布和西班牙王室之间的紧张关系，他在1500年10月被王室派去的官员逮捕，之后被解送回西班牙。因各方反对，哥伦布不久获释。

第四次航行始于1502年5月11日。哥伦布率船4艘、船员近150人，从加的斯港出发。他此行领了斐迪南国王和伊莎贝拉女王的命令，目的是寻找到从"新大陆"通往太平洋的水上通道。哥伦布第三次航行的重大发现震动了伊比利亚半岛，欧洲民众已经知道，他所到达的地方是一个欧洲人从未到过的"新世界"，而不是亚洲。斐迪南国王和伊莎贝拉女王已经尝到了地理大发现的甜头，所以继续资助哥伦布打通通往亚洲的水上通道，反而是一件顺理成章的事情。

哥伦布到达伊斯帕尼奥拉岛后，首先穿过古巴岛和牙买加岛之间的海域，然后驶向加勒比海西部，接下来沿洪都拉斯、尼加拉瓜、哥斯达黎加和巴拿马海岸航行了约1500千米。之后，他从印第安人处得知，此刻自己正沿着一条隔开两大洋的地峡行驶。在前行的过程中，其中1艘船在同印第安人的冲突中被毁，剩下3艘也先后损坏。哥伦布只好在牙买加弃船登岸，并于1504年11月7日返回西班牙。

---

① 即"南美洲大陆"。

1506年5月20日，哥伦布于西班牙巴利亚多利德与世长辞。

四

无论是哥伦布，还是伊莎贝拉女王代表的西班牙，都从发现新大陆中获得了极大的奖赏。于双方而言，这项投资是一个双赢的结局，双方都获得了足够高的赔率。

也许，对整个人类而言，意义更加重大。

哥伦布发现新大陆，从此掀开了欧洲探险和殖民海外领地的大时代序幕，也造就了东西文明的最近一次大分流。在《西方将主宰多久》的作者伊恩·莫里斯看来，东西方文明已经有三次大分流。

第一次大分流是2万年前到公元5世纪，西方文明主宰世界。

第二次大分流是从公元5世纪到公元18世纪，东方文明成为世界文明的中心。

第三次大分流是从18世纪至今，发源于工业文明时代的西方文明占据了上风。

新大陆的发现对西方的崛起意义重大。

首先，烟草贸易大大促进了英国商业的发展。甚至可以说，英国经济的发展始于美洲的烟草贸易。更夸张的是，正是因为烟草贸易，才促成了英格兰和苏格兰的合并。合并的原因也很简单，苏格兰希望复制英格兰在北美烟草贸易上的成功，结果却在和英格兰的竞争中一败涂地，最终不得不和英格兰合并为一个国家。

其次,来自北美的大量白银引发了欧洲的价格革命。大航海时代之后,欧洲市面上流通的白银,大部分来自盛产白银的北美。白银贵金属的大量流入,引发了物价上涨和通胀,大大刺激了生产。经济学家克鲁格曼曾言,当物价下降时,经济不可能增长,温和的通胀对经济增长是有好处的。

再次,地理大发现引发了激烈的竞争,而竞争可能是欧洲最先实现工业化的主要原因。在那个神奇的时代,依靠航海探险就能跑马圈地,这"完美"地激发了欧洲旧大陆国家彼此之间的竞争意识,航海带来的巨大回报激励它们在全球范围建立贸易航行,从而形成了庞大的大西洋经济圈。

最后,通过引进新物种,如土豆、玉米等,救了很多欧洲人的命。

总之,新大陆的发现为欧洲殖民海外领地创造了条件。欧洲率先打破了"马尔萨斯陷阱",并快速完成了资本的原始积累,这无疑为人类第一次工业革命的爆发奠定了坚实的基础。

所以,哥伦布的海外大冒险在人类社会现代化的历史进程中发挥了极其重要的作用,它大大加快了人类历史的进程。

而在哥伦布发现新大陆的87年前[①],大明王朝的三保太监郑和,第一次受命下西洋。郑和一生共七下西洋,率领240多艘

---

① 1405年,即大明永乐三年。

"宝船"、2.74万名船员出海。但最终，发现新大陆的是哥伦布，而不是郑和。

这引起了很多人的不解。原因无外乎以下三个方面：

首先，意愿和动力。跟落后的欧洲相比，当时的大明经济状况相对较好。如果把欧洲国家的海外冒险看作"求生存"，而郑和的下西洋无疑就是"求发展"，显然前者的意愿和动力更强。

其次，地理位置。欧洲和美洲之间是被大西洋分割开了，而中国和美洲之间隔了一个浩瀚的太平洋；欧洲与美洲之间的距离约为3000英里，中国和美洲之间的距离约为6000英里，如果再考虑洋流的因素，中国和美洲的距离实际上远大于6000英里。因此，从概率上来说，欧洲人发现美洲新大陆的可能性显然要比中国人高得多。

最后，政治制度。当时的大明王朝是一个大一统国家，只有一个皇帝，国家的重大决策都系于一个人身上。要不要海外冒险，只有他一个人说了算。如果他觉得海外冒险没有必要，那这种冒险活动就基本宣告结束了。

而当时的欧洲，有很多的国王，国家与国家之间有着激烈的竞争关系。像哥伦布这样的冒险家，如果他想参与海外冒险，可以周游列国寻求资助，即便在意大利、葡萄牙得不到资助，他也可以向西班牙君主寻求帮助。至少，从得到资助的概率来看，由于政治制度不同，欧洲冒险家的概率要高很多。

此外，宋明理学的影响也不可忽视，它让中国进入一个保守的思想禁锢时代。到了大明王朝，科举考试的内容不再像北宋王安石时代那样，包括天文、历史、地理、经济等知识，而是仅仅集中于考查典籍。

一个只懂吟诗作画的群体，其生存和发展能力显然要比"天文地理均知一二"的群体弱得多。

◇ 投资人视角

哥伦布所处的那个年代，贸然出海是一件异常凶险的事情，毕竟欧洲当时的造船技术并不允许他们这么做。

之所以把哥伦布称为"伟大的投机者"，是因为他的大冒险给人类带来了巨大的回报。这恐怕也是他自己始料未及的。讲述哥伦布的故事，其实是想探讨"如何正确地承担风险"这个话题。

本杰明·富兰克林曾言，在这个世界上，只有死亡和纳税是不可避免的。不可避免的事情是缺乏弹性的事情，具有一定的确定性。而世间大部分的事情是不确定的，而不确定就会带来巨大的风险。所以，无论我们身居何处，也无论在什么时候，我们无时无刻不在承担着风险。

只不过，风险有大有小、有对有错。

就投资来说，真正的风险是无意识无能、回报不足和资本的永久损失。所谓"无意识无能"，指的是不知道自己在干什么。有些人打着投资的旗号，却干着投机取巧的事情。有些人对某些公司一无所知，却不懂装懂。无意识无能最危险，因为自己最好骗。

就认知的层次来说，要经历"不知道自己不知道""知道自己不知道""知道自己知道"和"不知道自己知道"四个层次。每一个层次的提升都要付出巨大的努力。即便如此，有些认知层次，我们也只能无限接近，而不能抵达。

回报不足的风险，指的是投资品的回报率太低，无法对冲通货膨胀的风险。比如某些固定收益产品，看起来没有风险（没有波动），但它的收益率也很低，甚至跑不赢通胀。这是实实在在的风险。

资本的永久损失，就是浮亏的钱变成实亏，且亏掉的钱再也回不来了。比如买的企业退市，投资人完全有可能血本无归。

大部分人看到的所谓风险——波动，拉长时间来看，并不算风险。

陪伴企业的成长，赚取企业价值创造的钱，虽然存在一定的不确定性，但这是在正确地承担风险。不做任何研究，为自己的账户加足杠杆，那是赌博，是在错误地承担风险。

华尔街第一位伟大的投机者：雅各布·利特尔

他是一位纯粹的投机者。他以做多莫里斯运河一战成名，更以做空伊利运河扬名于世。他死时"穷困潦倒"，但手中却握有总金额几百万美元的借条。他就是雅各布·利特尔，华尔街第一位伟大的投机者。

雅各布·利特尔的个人资料很少。

笔者第一次看到这个名字，是在一个投资人写的一本书上。之后，我按图索骥，在约翰·S.戈登《伟大的博弈》一书中再次找到了他的名字。知道杰西·利弗莫尔的人有很多，因为有人给他写了一本《股票作手回忆录》。知道雅各布·利特尔的人寥寥无几，其实也没什么奇怪的，因为这个世界一向对失败者很残酷，更何况，他是一个投机的失败者。

一

1817年的纽约，凭借自己独一无二的地理优势，在当地荷兰裔移民的商业精神催化下，已经成长为一个热闹非凡的国际大都市。

就像当代的中国年轻人闯荡"北上广深"一样,造船匠的儿子雅各布·利特尔也有梦想,也想去大城市纽约"碰碰运气"。他先是在一家经营多种业务的经纪公司找到了一份工作,并以一个打工人的身份在那里工作了5年。

1817年在纽约历史上是一个非常特殊的年份。就在这一年,伊利运河开挖,纽约证券交易所正式成立,黑球航线公司(Black Ball Line)也开始运营。黑球航线公司是一家横渡北大西洋的航运公司。它推出了定期的客运服务,这是一个革命性的创举。这项业务的开展,也让纽约成了美国人跨洋旅行最重要的起点站和终点站。

1822年,利特尔组建了自己的经纪公司。但在拿纽约证券交易所的会员资格方面,利特尔备受挫折。他是一个独立经纪人,没有任何政府关系,在这之前也谈不上拥有丰富的行业从业经验。因此,他的会员资格申请屡次被纽约证券交易所驳回。不过,皇天不负苦心人,他终于在1825年拿到了纽约证券交易所的会员资格。

利特尔的闪耀人生很快就要上演了。

二

19世纪二三十年代,美国证券市场迎来了第一个大牛市。

这个大牛市跟伊利运河有关。伊利运河于1817年动工,1825

年开始通航。该运河横跨美国东西部，通过哈得孙河将北美五大湖和纽约连接起来。伊利运河的开凿，可以将美国西部丰富的物产运到纽约，不但速度比马车快了很多，而且成本下降了95%。

运河开通的第一年，在河上穿行的商船就超过了1.3万艘，上缴税收50万美元。纽约用一年的税收就将修建运河所欠的债务全部还清了。同时，伊利运河的通航带动了纽约商业、金融、旅游、人口、地产等方方面面的蓬勃发展。

由于伊利运河显现出的巨大的经济效益，人们开始追捧运河概念股，凡是跟运河概念沾边的股票全部暴涨。同样的情况和现象，在之后的铁路、航空、互联网、新能源兴起的时候也发生了。所以，就投机来说，人性的贪婪与恐惧，一两百年来几乎没发生多大的变化。

华尔街第一轮大牛市开始了。

19世纪30年代最热的股票之一是莫里斯运河。1934年，市场飞速上涨，莫里斯运河是这次牛市的龙头股。随着市场的进一步上涨，华尔街大玩家已经卖空了这只股票，就等市场下跌好狠狠地赚上一笔。

而这一切，都被利特尔看在眼里。于是，利特尔组织了一个规模不小的投机者群体，然后悄无声息地大举买进莫里斯运河的股票。当那些做空的大玩家为了交付股票而到股票市场购买莫里斯运河的股票时，他们惊恐地发现，整个市场已经没有莫里斯运河的股票可买。

利特尔和他的投机者群体,已经牢牢地控制了莫里斯运河的所有流通股。他们以每股平均10美元的价格买入了这些股票,在一个月之内,股票价格就飙升至185美元。

经此一役,几乎一夜之间,利特尔就成了华尔街最著名的投机者。

三

投资莫里斯运河股票的大获全胜,让利特尔的名号在华尔街尽人皆知。

利特尔和他的投机者群体,通过做多的方式让自己成名。按理说,人都是有路径依赖的。当一个投机者通过做多的方式赚到了大钱,他就很难改弦更张去做空了;反过来也一样,当一个投机者通过做空的方式赚到了大钱,他就很难改弦更张去做多了。但利特尔偏偏不按常理出牌。

19世纪中叶以前,美国的政治和商业紧密相连,相互渗透。公职人员兼职是很正常的事情,没有人觉得以权谋私是道德问题。因此,如今看起来匪夷所思的官商勾结、操纵股价和内幕交易,在那时候是一种常态。因此,那时候的华尔街,哄抬股价,向公众抛售劣质证券的多头看起来更加邪恶。

利特尔是一个极端的空头,每当市场大跌,他就进场做空,让市场进一步下跌。所以,别人给他起了一个外号"大熊星"。在做空的职业生涯中,利特尔打过几次漂亮的"战役"。而最著名的一场"战役",是做空伊利运河。

伊利运河的背后是一个实力强大的财团。当他们得知利特尔准备做空伊利运河的时候,他们效仿当年利特尔在莫里斯运河的打法,扫货伊利运河的流通股,将伊利运河的股权牢牢抓在手里。

利特尔还券的日子一天天临近,同时,因为市场可流通的伊利运河股票极少,财团通过"对敲",将伊利运河的股价哄抬到了一个极高的位置。利特尔如果按照当前的价格买券还券,必将破产无疑。时间一天天过去了,伊利运河的股价继续攀升。

还券的日子到了。就在财团将要宣布利特尔破产时,利特尔现身了,他打开一个装满"可转换债券"(可转债)的袋子,要求财团用相对应的股票来兑换。所谓可转债,就是债券的持有人可以根据需要将持有的债券转换成股票。

这些可转债是当年伊利运河在伦敦市场发行的[①]。因此,财团忽视了这些可转债的存在也很正常。更没人想到,利特尔会跑去伦敦,买入数额如此巨大的可转债。

财团傻眼了。他们眼睁睁地看着利特尔以合法的方式将可转债转换成股票并还券。利特尔又大赚了一笔。而财团因为几乎垄断了伊利运河的流通股,在如此高价的情况,又没人接手,只能以低价卖出,结果当然是损失惨重。

---

① 在美国发行没人买。

打开百度百科，输入"雅各布·利特尔"这个名字，上面赫然显示：雅各布·利特尔，出生于马萨诸塞州的纽伯里波特，华尔街第一个以"大熊星"的绰号闻名的人，也是美国式卖空和可转换证券的发明者。

四

投机是一种不关注公司基本面、只关注股票价格短期波动的行为。这在基本面投资者看来，风险极大。如果在投机的基础上，再加上杠杆和做空，那简直就是"举着火把通过弹药库"的九死一生之举。

熟悉资本市场做空机制的人都清楚，场内融券做空存在三大问题：

一是做空大概率是跟时代作对。自第一次工业革命开始，这两百多年来，人类经济持续增长。虽然中间也有过一些波折，但只能说是浩浩荡荡的时代潮流中的一朵小浪花，对美好生活的向往是人类的普遍刚需。因此，大概率可以判断出，人类的未来会更加美好，经济增长还将稳步向前。而做空，潜台词就是不看好人类的未来，犯错的概率极大，风险极高。

二是杠杆的脆弱性。融券做空，基本原理就是投机者先借他人的股票在高位的时候卖出，然后等股票下跌将股票买进（还券），赚取中间差价。当股票价格严重偏离公司价值的时候，总有一天，价格会向价值回归和靠拢。

但难就难在判断这个"总有一天"到底是什么时候。对杠杆资金来说,即便大趋势判断对了,也很有可能死于黎明之前。道理很简单,疯狂的市场,短期可以进一步疯狂,而进一步的疯狂却让杠杆变得脆弱不堪。还没等到市场反转,投机者可能就被经纪商强行平仓了。

三是做空的收益和风险严重不对称。理论上,股价可以持续上涨,做多的投资人可以在一只股票上赚N倍。但股价下跌,哪怕全部跌没了,价格也只能跌到0。换句话说,对做空的投机者来说,他的回报最高只有1倍,风险却是无限的。

所以,总体而言,做空只能是一个短期的对价格进行主观判断的行为,难度系数极大。

但做空是不是就一无是处呢?也不是。

首先,做空可以起到纠偏的作用。"市场先生"患有双相情感障碍,是一个躁郁症患者。跌起来的时候会让人感觉"十八层地狱之下还有十八层地狱",涨起来的时候会让人感觉"树会长到天上去"。当市场过度疯狂的时候,做空资金的存在能平抑市场的过度上涨,让市场或公司估值回归理性。其次,做空也可以为市场提供流动性,提高了交易量,也提升了市场的活跃度。

但即便如此,投机者仍然是华尔街一切不幸的"替罪羊",他们总是会被指责为每一次的市场狂热和熊市的罪魁祸首。

五

利特尔在莫里斯运河和伊利运河投机中的大获全胜,让他成了华尔街最著名的投机者,并且保持这一名誉长达二十余年。不过,在这二十余年间,他曾三次破产,但每次破产他都能从失败中重新站起来。

但是,人不会每次都有好运相伴。最终,他在1857年的大崩盘中第四次破产,从此一蹶不振。威廉·沃辛顿·福勒在1860年前后写过华尔街的传记,他这样描述类似雅各布·利特尔那样的人:

凡是到过交易所的人,都会注意到一些经常光顾市场的普普通通的人。他们曾有过幸福时光,但他们把他们的钱遗失在了华尔街,他们每天都来到这里,似乎希望在同一个地方找回失去的金钱。这些人是市场的幽灵,他们用毫无光泽的眼睛瞪着报价牌,用干枯的手指着它,似乎在说:"这些都是你们干的!"他们拥挤在大门旁,在交易所的大厅出入,破烂的衣服,褪色的靴子,蓬乱的头发,他们从不洗澡,不刮胡须,憔悴的脸上挂着的笑容比眼泪更令人心酸。

一天早上,利特尔在一个证券交易经纪人的行情室里晕了过去，再也没有醒过来，终年六十余岁。他死后，他的朋友发现他的办公室堆满了别人的借条，这些借条绝大部分已经过期了，有几百万美元。就如他自己所说的那样，在华尔街这么多年，他从来没有向别人追过债。

六

一个资本市场的投机者，最后甚至以不太体面的方式离开这个世界，利特尔为何还是被追认为"第一位伟大的投机者"呢？

这可能主要基于两方面原因：一方面，利特尔通过市场和股价的波动来获利，大部分时候是通过做空市场来赚钱，而不是对有发展潜力的企业进行长期投资。所以，说他是一个十足的投机者，这是没有疑问的。另一方面，利特尔和上一代的投机者又完全不一样。之前的玩家，比如威廉·杜尔，通过官商勾结获取政府内幕消息来为自己牟利。而且，他们甚至会背叛自己的合伙人，利用合伙人的钱为自己牟利。因此，与其说他们是投机者，倒不如说他们是蛀虫和骗子来得更为贴切。

利特尔是一个独立的投机者。他出身低微，是一个船匠的儿子，他没有任何背景和政府关系，他靠的是比其他证券交易者对市场中的特殊事件更为准确的判断来挣钱。

更难能可贵的是，他是用自己的钱在投机和牟利。

◇ **投资人视角**

投机不保证赚钱,但保证刺激。这是对利特尔的投机人生最好的诠释。

无论是做多还是做空,利特尔都有为世人津津乐道的经典案例。这些案例也早已成为人们茶余饭后的谈资。遗憾的是,"多战成名"的利特尔并没有摆脱"长期投机必败"的定律,其结局还是那两个字:破产。

人性是不耐的。人性的不耐在资本市场展现得淋漓尽致。贪婪和恐惧轮番上演,以至于有经济学家把经济周期的根源直接归于人性的周期。

人们经常会对年度冠军报以掌声,但他们并没有意识到,年度冠军就像走马灯。那些长期业绩稳定增长的投资经理,反而因为年度业绩平平而被市场忽视。一个上一年获得100%收益的投资经理,哪怕在下一年亏损了50%,也比另一个近两年获得了20%年化收益的投资经理风光,尽管前者两年来一分未赚,而后者累计收益率高达44%。

用正确的方式做投资,不图一时之快,慢慢变富,这可能是快速致富的捷径。在资管行业,能经受得住时间检验的投资经理,据我们观察,都有一些共同的特点:

比如,专注。

有些投资经理只对业务简单易懂、商业模式突出和管理层优秀的顶级公司感兴趣。他们愿意在公司估值合理时出手买入,只要公司没有丧失核心竞争力,即便阶段股价表现不佳或适当高估,他们也愿意继续持有。

又如,耐心。

我认为,耐心作为职业投资人的优良品质,被远远低估了。判断某些企业的内在价值相对容易,但预测该企业的股价何时向内在价值回归,是极其困难的事。总体而言,优秀的投资经理,都是拥有慢慢变富的心态、富有耐心的投资者。

投机者篇
几度夕阳红

以一己之力战胜华尔街的"失败者"：杰西·利弗莫尔

他穷苦家庭出身，却曾站在世界最富有者的行列。他以一己之力战胜了整个华尔街，最后却开枪自杀，并称自己是一个彻头彻尾的失败者。他死后有人为他立传，如今，这本书已经成为投资界必读的经典之作。他号称投机"鬼才"，他就是杰西·利弗莫尔。

1940年11月28日，下午五点半刚过，位于纽约曼哈顿的雪梨·尼德兰酒店的衣帽间传来一声沉闷的枪响。

赶到现场的警方发现，一位衣着考究的老年男子倒在了血泊中，身旁有一把柯尔特自动手枪。在房间的桌子上，还有一份8页纸的手写遗言，大致意思是：

亲爱的妮娜：我再也受不了了。一切对我都太糟糕了。我已经厌倦了抵抗，再也支撑不下去了。这是个唯一的出路。我不值得你爱。我是个失败者。我真的很抱歉，但这是唯一得到解脱的办法。爱你的劳里斯。

遗书里的"劳里斯"是大名鼎鼎的杰西·劳伦斯顿·利弗莫尔,"妮娜"是他妻子哈丽特的绰号。

而就在利弗莫尔自杀之前不久,他们刚刚大吵了一架。

一

和华尔街"第一位伟大的投机者"利特尔一样,利弗莫尔也来自马萨诸塞州。利弗莫尔出生在一个非常穷苦的家庭,父母都是农民。14岁时,他父亲就让他从学校辍学,去农场帮忙。但在母亲的鼓励下,利弗莫尔离开家乡去外面闯荡。

他的职业生涯起步于波士顿的一家证券经纪公司,干的是"黑板小弟"的活。所谓"黑板小弟",就是指在交易所大厅黑板前记录并更改股票交易员报价的工作人员。利弗莫尔的工资是每周6美元,折算成月薪是近25美元。25美元,其购买力相当于现在的2.5万美元。由此可见,"黑板小弟"利弗莫尔小小年纪就跻身高收入人群了。

天赋是一个神奇的东西。长期跟股价打交道的利弗莫尔,逐渐地从股价的波动中找到了一些规律性的东西。比如,如果将一个公司每天的股价波动用线连起来,股价的曲线就像是大海中的波浪,有高潮也有低谷。

在低谷买入,在高潮卖出,这是做多获利的逻辑;在高潮中借券做空，在低谷中买券还券，这是做空获利的逻辑。凭借对股价波动的敏锐度，利弗莫尔玩起了对赌股价波动的游戏。

15岁那一年，利弗莫尔花了5美元对赌伯灵顿股价的涨跌，此战为他带来了3.12美元的利润。持续交易一段时间之后，对赌交易为利弗莫尔带来了1000美元的利润。当利弗莫尔将1000美元递给他母亲的时候，她惊呆了。她不相信这么小的孩子能赚那么多钱。当她搞清楚了事情的原委之后，她很不高兴，指着她儿子的鼻子大骂，说他是个赌徒，在干赌博的事。

利弗莫尔当然不服，他辩称自己是在投机，而不是赌博。如果以"下注前是否有过研究"作为衡量投机和赌博的标准，那么，说利弗莫尔是在赌博确实有失公允。

在对赌行，因为利弗莫尔总是赢多输少，他成了别人口中的"抢钱小子"，被当地的对赌行禁止入内。断了财源的利弗莫尔，之后来到华尔街碰运气。

二

1901年，美国经济开始走向繁荣，新的一轮牛市再次降临。

而在这轮牛市，受益于华尔街巨头对北太平洋铁路公司控制权的争夺，该公司的股票价格以不可思议的方式上涨。短短一周的时间，该股票价格就上涨了10倍。据说，有一位经纪人为了将500股的北太平洋铁路公司股票从奥尔巴尼带到纽约，不惜专门雇了一列火车。

资本的温度
真实世界里的资本人物风云录

有一位经纪人看到显示牌上北太平洋铁路公司的股价在一路飙升时，冒冒失失地承认他有1万股。那些绝望的空头们撕扯着他的衣服要买他手中的股票，最后他在交易所大厅里几乎被人扒了个精光。

利弗莫尔当然不会放弃这个狂乱的投机机会。他将1万美元的资金全部投入北太平洋铁路公司，然后用很短的时间就将1万美元的资产增值至5万美元。这是利弗莫尔第一次在投机上赚到大钱。

1907年对利弗莫尔来说，绝对是一个幸运年。这一年的金融危机，起源于贵金属（金属铜）的"坐庄"爆仓，该事件导致大量银行相互挤兑。

1907年的金融危机，从危害性和影响程度来看，可能仅次于1929年的股市大崩盘。在这次金融危机中，利弗莫尔大量做空，一天之内就赚了100万美元。华尔街的"门面"——J. P. 摩根亲自出面，请求他不要继续做空。他答应了，于是开始做多，结果又从市场的大幅反弹中大赚了一笔，个人净资产达到300万美元。

20世纪20年代是美国的黄金时期，美国社会的总财富增加了一倍有余。汽车开始进入普通家庭，居住在美国城市的人口第一次超过了居住在农村的人口。整个美国社会就像一辆开足马力的列车向前狂奔，因此人们将那个年代称为"咆哮的20年代"。

1928年，柯立芝总统在国情咨文中说道："我们迎来了前所未有的繁荣时代。"耶鲁大学教授、著名经济学家欧文·费雪[1]宣称:"股市到了永不下跌、永远上涨的时代。"为了迎合选民,也是在这一年,胡佛在总统竞选中向全国民众承诺:"保证每个家庭锅里都有一只鸡,车库里有两辆车。""我们即将把贫穷从美国彻底除掉。""没有一个国家会比美国更有保障。"[2]

但历史上最著名的"股灾"还是发生了。

1929年10月29日,道琼斯指数跌幅达22%,创下了单日最大跌幅。华尔街持续下跌的势头直到11月才最终结束。1932年,道琼斯指数较1929年的最高点下跌了近90%。巴菲特的老师、"华尔街教父"本杰明·格雷厄姆管理的一个股票账户,资产由最高时的250万美元跌至38.5万美元。

这次金融危机给了华尔街和美国一次重塑自我的机会。1933年,美国取消金本位制度,颁布了《证券法》和《格拉斯-斯蒂格尔法案》(也称《1933年银行法》)。《格拉斯-斯蒂格尔法案》可以理解为一部银行分业经营法案,依照这个法案,商业银行和投资银行必须分业经营。这对约束银行业的野蛮生长具有重大的现实意义,著名的摩根银行也因为这个法案被一拆为二。

六十多年后,也就是1999年11月,美国总统克林顿签署了《金融服务现代化法案》,《格拉斯-斯蒂格尔法案》有关条款

---

[1] 欧文·费雪在1929年这场史无前例的金融危机中破产,并在穷困潦倒中离开人世。

[2] 摘自刘鹤《两次全球大危机的比较研究》一书。

被废除，从法律上消除了银行、证券和保险机构在业务范围上的边界。于是，大量依托商业银行贷款的证券化产品和衍生品被创造。2008年，美国次贷危机爆发。

在1929年的金融危机中，利弗莫尔大举做空美国股市，并从这次的做空中大赚了1亿美元。这1亿美元，相当于现在的1000亿美元。而1929年，美国当年的财政收入也不过才42亿美元。这时候的利弗莫尔，用"富可敌国"来形容丝毫不为过。

三

从合伙企业开始，"股神"巴菲特六十多年投资生涯所获得的年化回报率是20%左右。除1976年之外，没有哪一年的年度收益率超过50%[①]。

在北太平洋铁路公司上大赚一笔之前，利弗莫尔的个人资产在1901年时只有1万美元。而在1929年，利弗莫尔用一年的时间就赚到了1亿美元。我们采用最保守的方式进行估算，假设1929年他的个人资产就是1亿美元，那么在28年的时间里，利弗莫尔的个人资产增长了1万倍，年化收益将近40%。这可能就是利弗莫尔被《纽约时报》评为"百年美股第一人"的主要原因。他赚钱的速度实在是太快了，赚的钱实在是太多了。

但是，事出反常必有妖。当一个人的赚钱速度快到看起来根

---

① 1976年，巴菲特获得了59.3%的投资回报率。

本就不像是真的时，那多半就不是真的，或是不可持续的。就像雅各布·利特尔一样，采用杠杆和做空策略的利弗莫尔，也难以逃脱屡次破产的命运。

利弗莫尔第一次破产是因为交易所内的交易指令滞后于他习惯的交易方式，当时的电传打字机所用的纸带传递消息太慢了。在第一次破产之后，利弗莫尔又回到了对赌行，用他擅长的方式把赔掉的钱赚了回来。

他的第二次破产是在北太平洋铁路大赚之后不久的事情。在利弗莫尔看来，过去的他一直看空股市，现在好不容易逮着一个大机会，如果放过了是不可原谅的。但很不幸，就在他大举买入的第二天，股票市场崩盘，他很快又赔光了所有的钱。

再次一贫如洗的利弗莫尔开始对投机这个游戏心生厌恶，可能从那时候开始，利弗莫尔流露出悲观厌世的倾向。

1908年，利弗莫尔因为听信某位期货高手的建议，做多棉花期货，但棉花期货大跌，他再次破产。这次的破产，据说是因为期货高手下的套，他一边引诱利弗莫尔做多，而他自己则在大举做空。

利弗莫尔的第四次破产发生在1934年。可能是因为他的抑郁症加重了，也可能是因为市场的规范化程度进一步提高了，总之从1930年开始，利弗莫尔发现自己之前的那一套投机策略玩不转了。

但第四次破产并没有让利弗莫尔的生活陷入困顿。这主要得益于他在1929年大赚1亿美元之后的未雨绸缪。他在1929年拿出一大笔钱为妻儿设立了信托基金,对他的投资和家庭财务进行了风险隔离。

四

从利弗莫尔自杀之前的财务状况和生活质量来看,他自杀的原因并不是破产(屡次破产至多算是诱因,加重了他的抑郁症),而是夫妻感情问题和抑郁症。

伟大的投资人在感情方面似乎都不太顺利,他们中有些人有过离婚或多次离婚的经历。比如,巴菲特和妻子苏珊长期分居,在苏珊跟她的网球教练约会后,他开始跟苏珊介绍的女服务员门克斯长期生活在一起。芒格有过两段婚姻,并且很凑巧,两任妻子都叫南希。

利弗莫尔结过三次婚。跟他的投资能力相比,他选择妻子的水平真的不怎么样。他的第一任妻子是他结婚前几个星期才认识的。他的第二任妻子是一个艳舞女郎。她挥霍无度,还有严重的酗酒恶习。有一次喝醉后,她开枪击中了大儿子的腿部,造成了对方终身残疾。他的第三任妻子是一个歌手,也是一个社会名流。利弗莫尔是她的第五任丈夫,她至少有两任前夫是自杀身亡的。

有人研究过为什么不少日本作家都选择了自杀。原因当然有很多,但其中一个很重要的原因是:作家群体跟普通群体有些不一样。他们敏感和感性，能注意到普通群体感受不到的情感和细节。而这既是他们成为优秀作家的前提条件和优势，也是他们选择自杀的不可忽视的原因。

投资（或投机）大师的群体也比较独特。他们喜欢独处、独立思考和行动，性格可能有些孤僻，很难跟这个世界友好相处。比如，巴菲特就特别不喜欢社交。他坦言，盛大的社交场合经常会让他感觉不自在、不舒服。

所以，老天还是比较公平的，他既不会让谁得到太多，也不会让谁得到太少。你可以凭借自己的独特个性获得想要的东西，但你也会因为自己的个性而失去一些东西。

巴菲特曾说，在这个世界上，有两样东西是买不到的，一个是时间，一个是别人的爱。对利弗莫尔来说，虽然历经四次破产，但他显然还是一个非常富有的人。但在情感方面，他很"贫穷"，是一个十足的失败者。

富有的他，花天酒地，纸醉金迷，私生活非常混乱，但这只能让他感觉更空虚。通过挥洒金钱得到的东西，边际效用递减得很快。他屡次破产，人生跌宕起伏，非常刺激。但刺激也是有代价的，超出一定程度的刺激无疑会让人产生心理问题。

因此，在如何对待财富这个问题上，我们是选择快速致富、多次致富，还是一辈子只要富有一次，且慢慢变富就好？每个人都有自己的答案。

◇ 投资人视角

如果以赚钱的数额作为评判标准，利弗莫尔无疑是一个非常成功的投机者。他赚到了足够多的钱，甚至富可敌国。

但他的人生是失败的。有钱的利弗莫尔花钱如流水，但他买得越多，内心就越空虚。精神的空乏，无法用物质来填满。要获得幸福，仅靠精明积累财富是远远不够的。那些没钱又不幸福的人，大概率不会因为有钱了而觉得幸福。

要获得幸福，一方面，我们要降低自己的欲望和预期。当我们的所得超过我们的欲望和预期时，我们会感到满意和幸福；当我们的欲望和预期远远超过我们的所得时，我们大概率会生活在痛苦之中。另一方面，能得到他人的爱。巴菲特和芒格二老，不但有钱，而且富有，因为他们有自由安排的时间和他人的爱。

在我看来，投资可能是世界上最好的工作。一方面，我们有大量的可自由支配的时间，可以将时间用在阅读、思考和关心他人上。另一方面，我们不需要处理复杂的人际关系，干的是认知变现的工作，只要我们能为投资者赚到钱，就可以得到我们该得的那一份。

但是，据我观察，大部分投资经理并不幸福。他们不但不幸福，还异常焦虑。某一年股市行情不好了，焦虑；赚的比他人少了，也焦虑。他们的目标可能只有一个：赚更多的钱。他们以为，赚更多的钱可以解决他们人生的所有问题。

很遗憾，我只能说，他们迟早会为他们的"以为"付出更大的代价。

投机者篇
几度夕阳红

一个"逆行者"的勇气：约翰·保尔森

他曾默默无闻，但坚持独立思考，在金融危机时凭自己的胆识一举拿下对冲基金业界单笔最高收益（150亿美元），被华尔街奉若神明。就连跟他同姓的美国财长亨利·保尔森也只能委屈地被称呼为"另一个保尔森"，以示二者之间的区别。但站上巅峰的他也很快迎来了自己的滑铁卢。他就是约翰·保尔森，一个勇敢的"逆行者"。

提起"保尔森"这个名字，公众率先想到的，一般是那个曾经的"华尔街权力之王"、美国前财长亨利·保尔森。他在出任美国财长之前，曾担任高盛集团的掌门人。在他的带领下，高盛集团成为华尔街最赚钱的投行，他也成了华尔街年收入最高的银行家。

而本文的主人公，其经历跟亨利·保尔森竟有不少相似之处。比如，都毕业于哈佛大学，都有投行的工作经历，都曾名噪华尔街。这位"主刀"史上最伟大交易[①]的对冲基金经理，曾登

---

① 格里高利·祖克曼将约翰·保尔森在次贷危机中的光辉战绩写成了一本书，书名就叫《史上最伟大的交易》。

顶2007年度最赚钱基金经理榜,力压詹姆斯·西蒙斯。他的个人年收入曾逼近40亿美元,身家一度高居大导演史蒂芬·斯皮尔伯格和Facebook创始人马克·扎克伯格之上。

他是电影《大空头》主角的原型,他就是约翰·保尔森。

一

保尔森于1955年12月14日出生于美国纽约皇后区。他有一个弟弟和两个妹妹。保尔森的父亲从会计师起步,然后成为一家小型公关公司的首席财务官。不过总体而言,他们家并不算富有。

保尔森的商业启蒙教育,可能主要来源于他的祖父。据说,祖父曾教他从超市买来大包装的糖果,然后零售给同学。那时候的保尔森,只不过刚满6岁而已。

1978年,23岁的保尔森以全班第一的成绩从纽约大学商业与公共管理学院毕业。接着,他又去哈佛大学商学院攻读MBA。

榜样的力量是无穷的。一次偶然的机会,他在听了杠杆交易先驱杰里·科尔伯格的演讲后,立志闯荡华尔街。毕业时,保尔森不仅拿到了MBA学位,还被授予"贝克学者"(Baker Scholar)的荣誉称号。"贝克学者"是哈佛大学的最高学术荣誉,只授予那些名列前5%的顶尖毕业生。拿现在的话来说,保尔森是一个典型的"学霸"。

巴菲特曾把1964—1998年的美国股市划分为两个阶段。

第一阶段:1964—1981年。这个阶段的美国资本市场是典型的熊市，17年间，道琼斯指数几乎是零涨幅，一直在原地踏步。

第二阶段：1981—1998年。这个阶段的美国资本市场是典型的牛市，17年间，道琼斯指数上涨了将近10倍。

近20年漫长的熊市，导致华尔街人气涣散，哪怕实力雄厚的大投行，也很难给出对雇员有吸引力的薪资待遇。当保尔森毕业时，华尔街正值牛熊之交时期。相对投行缺乏有吸引力的薪资待遇，咨询公司能够为刚毕业的新员工提供较高的起始工资。

原本打算进入华尔街的保尔森，进入了大名鼎鼎的波士顿咨询集团，担任管理咨询师一职，开始了其职业生涯。不久后，保尔森对华尔街的向往促使其转身进入了极富传奇色彩的奥德赛合伙投资公司（Odyssey Investment Partners），并为该公司工作了两年。

1984年，29岁的保尔森进入美国第五大投资银行贝尔斯登（Bear Stearns）的并购业务部门。多年的投行职业生涯让保尔森意识到，虽然贝尔斯登所获得的收益还不错，但它的主要盈利模式是赚取佣金。这跟投资业务提取业绩报酬的盈利模式相比，显得相当有限。

4年后，保尔森决定从投资银行转行到基金管理。于是，他加入了格鲁斯合伙基金，成为该公司的合伙人之一，正式开始了他的基金管理生涯。

职场的历练，不但提升了保尔森的财务分析能力和企业研究能力，还培养了他独立思考的能力。在我看来，一个人成长的标志，就是开始觉得当年崇拜的偶像如今也不过如此。成长后的保尔森不再受金融体系条条框框的限制，而是收集海量的信息，自己加以分析和判断，并以此作为投资决策的依据。

1994年，他终于迈出了创业的第一步。他和其他几家小对冲基金公司合租了一个办公室，创立保尔森对冲基金，专做并购套利（风险套利的一种）和事件驱动投资。

基金行业的发展完全符合塔勒布"极端斯坦"的逻辑：少部分基金公司管理了大部分客户资产，而绝大部分基金公司因规模太小而在生死线上挣扎。一无名望、二无资源的基金公司肯定是举步维艰的，保尔森对冲基金自然也不例外。

刚开始，整个公司只有两个人——保尔森和他的助理，经营规模不过200万美元。苦心经营了6年后，保尔森对冲基金的管理资产终于增长了10倍。不过，这一成绩在当时的华尔街可以忽略不计。

2001年，互联网泡沫的破灭给了保尔森绝佳的"逆袭"机会。做并购业务的人应该比较清楚，当股票市场开始由牛转熊时，很多在虚高股价支撑下的并购案会"流产"。基于这个判断，他开始大量做空。在互联网股票狂跌的2001年和2002年，他的基金分别获得了5%的回报。

投资回报率对逐利资本来说是最具诱惑力的。截至2003年底，保尔森公司的基金规模达到了6亿美元。2005年，保尔森管理的总资产规模更是达到了40亿美元。但因为保尔森为人非常低调，所以在对冲基金行业内外，他的知名度并不大。

二

2006年，深秋的纽约中央公园，秋叶似火。早餐时间已过，在中央公园湖边小径上，保尔森缓步慢跑。他眉头微皱，看起来心事重重。

当时的美国房地产市场，红火而繁荣，正如中央公园满园的枝叶。但与火热的房地产市场和美丽的自然风景形成鲜明对照的是，保尔森专门做空抵押债券的基金一直在赔钱。

更要命的是，最近关于房地产市场利好的消息铺天盖地，乐观的房地产市场专家和贷款机构不断地鼓吹房价将持续上涨，或是联邦政府将降低利息以维护市场。

房价上涨在加速，基金的亏损幅度在加大。但是，保尔森坚信，这是黎明前的黑暗，冬天一定会到来，到那个时候，再红火的枝叶也会在寒风中凋零。

只不过，冬天什么时候来，并不确定。眼看着房价及股权资产的价格节节攀升，而自己管理的基金，其净值却一天天地创出新低，投资人的耐心也被消磨殆尽，保尔森已经濒临崩溃。

迈克尔·布瑞[①]可以通过播放震耳欲聋的音乐和疯狂敲打架子鼓来释放压力，但保尔森的解压方式是慢跑。每天去中央公园

---

① 电影《大空头》的主角之一。

长跑5英里,是保尔森的"必修课"。

做空美国次贷需要极大的勇气。当隔壁头脑简单的"王麻子"都在大把捞金,而作为一个专业和职业人士的你不但不赚钱,还在不断扩大亏损,你会觉得自己的智商受到了极大的侮辱。换句话说,跟浩浩荡荡的时代潮流作对,是自寻死路。

但保尔森不信邪。他相信常识,更相信自己的判断:这个世界上就没有只涨不跌的市场和资产。

当初,保尔森亲自带领四五十人的团队,跟踪了成千上万的房屋抵押,并逐个分析所能获取的个人贷款的具体情况。随着研究的不断深入,他越来越深信市场参与者们大大低估了房贷市场的风险。也是因为对自己的判断足够自信,他才决定在2006年7月成立一个专门用于做空CDO的基金。

所谓CDO,就是担保债务凭证。这是一个令人生畏的名词术语,我们可以把它理解成一项债券或一项债务资产。除了担保债务凭证之外,还有次贷证券、次级贷款。我们光听到这些名词就感觉头疼,有人甚至会因自己不知道这些名词而觉得自己智商特别低。但就像电影《大空头》里的台词所说的那样:华尔街特别喜欢用玄乎的词,让你觉得只有他们才做得来,或者你撒手不管,他们就更高兴。这就是他们的本意。

保尔森为这个基金设计了一套复杂的投资模式,即一边做空危险的CDO，一边收购廉价的CDS①。CDO与CDS之间的关系是：CDO的风险越高，即债务违约的风险越高，为其提供担保的CDS的价值就越高。在房地产繁荣时期，房价的持续上涨给了普罗大众"CDO没有太大风险"的幻觉，所以这个阶段的CDS的价格非常低。

基金成立之后的几个月时间，美国房地产市场繁荣如故，房价依然坚挺，丝毫看不到崩盘甚至是下跌的迹象。基金净值不断创新低，也让基金份额持有人失去了信心。有的投资人干脆直接打电话质问保尔森，为何不做止损？

保尔森断然回应道："止损？那是不可能的，我还要加注。"这跟电影《大空头》中的场景很相似。当迈克尔·布瑞面对客户的诘难和赎回威胁时，他没有第一时间去安抚客户，反而宣布封闭基金，任何客户都不可以赎回投资。他给出的理由是：目前的市场明显有人在背后操控，现在如果撤资，损失太大。作为基金管理人，他有义务保证客户的收益最大化。客户们快要气炸了，纷纷表示要起诉布瑞。可他一概置之不理。

尽管保尔森在面对投资人时心若止水、镇定自若，他的内心却无法平静。一方面，与市场主流观点背道而驰，让他倍感压力。人类是社群动物，在漫长的演化进程中，我们的基因让我们意识到抱团取暖的生存概率会更高。所以总体而言，逆向投资是

---

① 信用违约互换，我们可以把CDS简单地看成为CDO买的一份保险。

逆人性的。再说了,逆潮流而动,跟主流观点相悖,并不能说明你的判断一定是对的,而别人的观点就一定是错的。另一方面,在对信息持续不断的跟踪过程中,保尔森越来越清晰地感受到,次贷的崩盘越来越近,成功正在不远处向他招手。

因此,为了平复和缓解自己的内心,他只能借助于跑步。

三

2006年底,次贷危机已经初见端倪。

保尔森做空抵押债券的基金已经开始扭亏为盈,并上涨了20%。如果说金钱是男人的胆,那么毫无疑问,基金业绩就是基金经理的脊梁。基金净值的上涨给保尔森带来了信心,于是,他又紧锣密鼓地筹备了第二只同类基金。

好戏终于要上演了。

2007年,次贷危机开始袭击华尔街。华尔街第五大投资银行贝尔斯登两只以次贷作为基础资产的对冲基金相继崩盘,投资人损失超过15亿美元。保尔森明白,这是一个信号,意味着大规模的信用违约即将到来。事实也的确如此。

CDO的继续大跌引发了华尔街全面的恐慌,金融机构和投行们像掉进海里的落水者,惊慌地想抓住CDS这根救命的"稻草"。那些曾经看起来如此体面又专业的金融从业者,此刻像被别人拔了毛的凤凰一样,狼狈得让人不忍心看。

金融机构和投行在恐慌之下对CDS的抢购,又导致市场上

CDS价格的大幅飙升。两头下注的保尔森，在喧嚣和惊恐的市场环境中，既享受到了做空CDO的收益，也享受到了做多CDS的回报。

这时的保尔森反而比次贷崩盘前更冷静了。当事情尚未发生时，尽管对自己的判断信心十足，但内心仍然是忐忑不安的。而一旦事情的发展确实沿着当初的设想进行时，内心反而多了些波澜不惊。

到了2007年底，保尔森公司投资次贷的第一只基金的净值上涨了590%，第二只基金的净值也上涨了350%。巨大的赚钱效应吸引了如潮水般涌入的资金。仅2007年这一年，就有将近60亿美元的资金涌入保尔森对冲基金公司。

申购资金的大幅涌入，加上基金净值的大幅上涨，一夜之间，保尔森对冲基金公司成了华尔街"最靓的仔"，其管理的客户资产规模高达280亿美元。据统计，保尔森在2007年的个人收入将近40亿美元，一举登上了年度最赚钱的基金经理榜榜首，且力压金融大鳄索罗斯和量化投资鼻祖西蒙斯。

保尔森一时风头无两，"对冲基金第一人""华尔街空神"等名号纷纷落在了他的头上。

在资管行业，要取得一鸣惊人的短期业绩，首先，要剑走偏锋，要跟市场主流观点不一致且必须对。其次，需要一些远在星辰之外的好运气。但剑走偏锋的风险显然是不容忽视的；运气这东西，也是捉摸不定的。因此，一般而言，一个基金经理若在某年侥幸拔得头筹，那么在接下来的一年或几年，成绩大概率不会太好。

这其实符合均值回归的逻辑。但保尔森打破了这个惯例。2008年，全球资产价格大幅下跌，全球资本市场再次处于金融危机的动荡中。美国标普500指数全年下跌38.49%，纳斯达克指数下跌40.54%。中国香港恒生指数全年跌幅48.27%，A股的沪深300指数全年跌幅高达65.95%。在全球资本市场都风声鹤唳的背景下，保尔森对冲基金公司再创佳绩。2008年，他公司旗下的基金没有一只亏损，最高的回报率达到了20%。而这一年，沃伦·巴菲特的投资回报率是-9.6%。保尔森对冲基金公司管理的客户资产规模再次大幅提升。

2010年，保尔森在房地产和黄金市场下了重注，他旗下的黄金基金全年涨幅高达35.08%。这一年，保尔森的个人收入达到了史无前例的50亿美元。如果按秒算，这一年，他的赚钱速度为160美元/秒左右。保尔森再一次成为华尔街"最赚钱的机器"。

以前有人形容富可敌国的比尔·盖茨是属于"地上有100元钱都不愿意弯腰去捡的人"，这句话用在保尔森身上也是合适的。

2010年，保尔森以120亿美元的身家位列福布斯全球富豪榜第45位。

四

在电视剧《潜伏》中，情报贩子谢若林在苦劝余则成利用保密局副站长的身份做情报交易不成后，拿出两根金条，结结巴巴地说出了这样一句话："现在两根金条放在这儿，你告诉我哪一根是高尚的，哪一根是龌龊的？"

我经常说，投机并不违法，只是一种选择而已。所以，我虽然不参与投机和做空，但对别人的投机行为也能做到用平常心看待。但是，中国人讲究"君子爱财，取之有道"，姑且不提"做空是与浩浩荡荡的时代潮流作对"这样的宏大叙事，就从做空的基本原理出发，我也会觉得，通过这种方式赚钱，心里始终不够踏实。

就拿保尔森做空CDO的案例来说。保尔森做空的CDO体量如此之大，他的成功，也就意味着他的交易对手方如华尔街金融机构和投行，要么可能因为破产而不能兑现，要么被政府用纳税人的钱救活。

换句话说，保尔森赚的钱，其实是纳税人的钱。

此外，做空的成功，也就意味着价格的泡沫被刺破。做空越成功，资产的价格跌幅就越大。做空不一定是刺破泡沫的那一根针，却是导致资产价格恐慌性下跌的催化剂。而无论是股权资产还是房产，恐慌性下跌所造成的损失是实实在在的。

在电影《大空头》中,布拉德·皮特饰演的本·李克特非常严肃地提醒棕地基金(Brownfield Fund)两位得意忘形、击掌庆祝的年轻人:"你们庆祝的是一次可怕的经济危机,如果赌对了,很多人将失去他们的工作和房子。你们的肆意庆祝简直太没人性了。"

然而,市场上没有常胜将军,保尔森也栽过大跟头。2011年,由于对嘉汉林业(Sino-forest)的错误判断,保尔森对冲基金产生了重大损失。公司旗下最大的两只基金因为重仓这家企业,当年的基金净值分别下跌了36%和52%。这可能是他投资职业生涯中最糟糕的年份,这一年,客户从他的投资组合中撤资了近20亿美元。

在对嘉汉林业进行投资之前,他的团队对该公司进行了严格的审查,比如,系统地查看了公司的公开资料和文件,屡次到公司现场调研,并跟该公司管理层定期会面。但即便如此,这些工作也不敌浑水调研公司(Muddy Waters Research)的一篇做空报告。

在接下来的两年里,情况变得更加糟糕,他给客户造成了累计近百亿美元的损失。换句话说,从2011年开始,保尔森的投资生涯就不太顺利。一笔又一笔的巨大损失,逐渐侵蚀了2007年和2010年的投资收益。

由于投资损失和客户流失,保尔森管理的客户资产从2011年380亿美元的峰值下降至2018年底的不足90亿美元。2018年,保尔森向基金投资人返还了一部分资金，并进行了裁员。2020年7月，保尔森表示，他会把自己的公司转型为家族理财办公室。

换句话说，这位次贷危机时最会赚钱的基金经理，如今彻底退出了基金行业。

五

很难用一句话来概括保尔森的投资生涯之成败。

但如果对其严苛一些，比如将其职业生涯跟价值投资群体中最具代表性的沃伦·巴菲特相比，保尔森显然算不上成功。纵观"股神"60余年的投资生涯，除了在1976年获得了将近60%的收益率之外，其他年份竟没有一年超过50%。不过，在巴菲特半个多世纪的投资生涯中，出现负收益的年份也极少。

换句话说，巴菲特很少后退。跟保尔森当年动辄几倍的投资回报率相比，巴菲特的短期收益率显得很平庸。但是，一旦把时间拉长，"股神"的优势就一览无余了。笛卡儿曾言，那些只是极慢前进的人，如果总是遵循着正确的道路，可以比那些奔跑着然而离开正确道路的人走在前面很多。

有经验的投资者能发现，从股价表现来说，顶级的优质企业日间极少出现涨停的情况，但若干年之后回头看，它们的累计涨幅反而跑在了前面，而那些月度、季度或年度股价极度活跃的企业，早就在涨幅榜上消失得无影无踪了。

投资中的长跑者几乎不会是某年的冠、亚军，甚至都进不了年度的前10，但每年的稳居前1/3、1/4排名，足以让它们在5年、10后傲视群芳。

方向对了就不要嫌慢。正所谓，财不入急门，欲速则不达。

尽管保尔森对冲基金公司管理的客户资产规模经历了一轮"过山车"（跟高峰时相比，目前的管理体量少得可怜），但不可否认的是，"瘦死的骆驼比马大"，如今的保尔森仍然非常富有。有人估计，他当前的身家仍有四五十亿美元。

富有的保尔森也不忘回馈社会。2015年6月4日，哈佛大学工程与应用科学学院收到约翰·保尔森一笔高达4亿美元的捐赠，这是哈佛大学校史上最大的一笔捐款。哈佛大学表示将该学院更名为哈佛大学约翰·保尔森工程和应用科学学院[1]。

◇ 投资人视角

人们可能很难理解次贷危机发生之前保尔森所承受的那种压力。

就像我在文中所说的那样，逆向思考是很难的，因为人是"社会人"，是从众的动物。逆向思考意味着你要与公众对抗，甚至与世界为敌。但问题是，你并不总是对的，公众也并不总是错的。总体而言，坚持独立思考，保持定力绝非易事。

2021—2022年，我们公司持仓的互联网和品牌消费品都经历

---

[1] 已更名。

了大幅下跌，我们自嘲说，我们是被人针对了。互联网行业受到的影响是多方面的，比如反垄断、防止资本的无序扩张、游戏防沉迷、新冠疫情、美联储加息等。品牌消费品也不轻松。新冠疫情期间，消费场景减少，居民消费能力下降，均会对品牌消费品产生一定的负面影响。

但我们依然保持定力。

一方面，我们坚定认为，这些企业的核心竞争力还可以维持，疫情和政策都是阶段性的影响，并不会破坏企业的护城河。另一方面，我们看问题的角度跟他人不太一样。我们既看需求侧，更看供给侧。我们既在意短期，更在意长期。

如果看得太近，很难把问题看清楚，也抓不住主要矛盾。如果说投资需要天赋，那么，愿意着眼长远，把自己放在一个更大的"局"中去思考问题，可能就是一种天赋。

诈骗者篇
都付笑谈中

诈骗者篇
都付笑谈中

金融诈骗是近几年屡禁不绝的犯罪行为。

从具体的案例来看,如今的诈骗"技术含量"也越来越高。这些骗子很擅长利用人性的缺陷,对受害者进行"饱和攻击"。如果我们身上有"漏洞",一旦我们放松警惕,那么,总有一款骗术是为我们量身定做的。

本篇中的人物,都在(或将在)金融史上留下自己"光辉的一页"。

首先,他们都是胆大包天的人物。

庞兹是金融诈骗的"祖师爷",是"庞氏骗局"的缔造者,他甚至试图诈骗独裁者墨索里尼。麦道夫将"庞氏骗局"进一步"发扬光大",其诈骗持续时间之长、骗取金额之大,令人瞠目结舌。麦格雷格尔是史上最离奇的诈骗犯。他虚构了一个国家,并为这个国家制定了一部宪法,还将移民付诸行动。在进入P2P[①]

[①] P2P:Peer-to-Peer,指个人对个人的、点对点的网络借款。一种民间小额借贷形式。

行业之前，周世平既没有任何的金融从业经历，也没有任何的风控意识，甚至敢为上亿元的坏账兜底。

其次，他们还深谙人性。

庞兹利用了人们的贪婪心理。人性是贪婪的，这是人类祖先在非洲丛林长期演化的自然结果。虽然庞兹给出的投资回报有违常识，但贪婪之人宁愿相信它是真的。麦道夫利用了投资人的虚荣心。他凭借自己的成功经纪人光环，在有钱人圈子里搞"饥饿营销"，让投资人以能买到他管理的基金为荣。麦格雷格尔利用了大众过度乐观的心理倾向。在"拉美乐观主义"的投机氛围中，要保持理性是很难的。在从众心理的作用下，麦格雷格尔将很多投资者带上了绝路。

周世平则利用了公众的无知。"投资有风险"对很多人来说并不是常识，他们寄希望自己既能获得高回报，又不需要承担任何风险。周世平的兜底行为，刚好"匹配"了这部分客户的心理需求。

"庞氏骗局"的缔造者：查尔斯·庞兹

他是金融诈骗的"祖师爷"，是"庞氏骗局"的"发明"者。他的骗术让几万个家庭陷入绝境。他甚至试图诈骗独裁者墨索里尼。他就是庞兹，一个臭名昭著又令人生畏的诈骗犯。

1903年11月15日，美国波士顿港，一艘满载意大利移民的游轮正在缓缓靠岸。一位衣着讲究、身高不足一米六的年轻人从甲板上下来。他叫庞兹，1882年出生于意大利一个普通犹太家庭。

此刻的他，虽然没有钱[①]，却拥有世上最可贵的两样东西：梦想和希望。他像许多想改变命运的欧洲人一样，怀揣着"美国梦"远渡重洋，踏上了美利坚的土地。那时的他一定不会想到，他在北美这片新大陆的所作所为，会给这个世界和后人产生多大的影响。

---

① 庞兹刚抵达美国时身上只剩2.5美元。

一

他虽然声称自己在意大利罗马大学读过书，但因为不会英文，所以只能像早期的移民一样，干一些诸如端盘子的杂务活。除此之外，他并没有找到更体面的工作。

好在，他也能"放下身段"，愿意"从基层干起"。他做过很多工作，餐厅服务员、鼓手、保险推销员、机修工、杂货店员，几乎做了个遍。

但庞兹并不是一个安分的人。他虽然没什么钱，但他"人穷志不短"，觉得打零工赚钱太慢，根本就不是长久之计。于是，在工作的过程中，他开始动一些歪脑筋，如趁别人不注意拿走别人的财物，或者有时候干脆消极怠工。

结果是显而易见的。几乎每份工作，他都做不长久。不是他炒了老板，就是被老板炒了。他还很有"阿Q精神"，在被老板炒鱿鱼之后，经常自我安慰："这份工作根本配不上我。"

跟如今动不动就"躺平"的年轻人不太一样，他还是有进取心的。否则，他就不会千里迢迢来到这个陌生的国度，过着"有上顿，没下顿"，甚至可以说是风餐露宿的生活。

来到美国之后，为了生活，他不得不打零工、干杂活。而为了梦想，他强迫自己去学英文。如果语言不通，即便你能力再强，也很难融入当地社会。因此，他一边学英文，一边打零工。

在一家餐馆做零工期间，老板看中了他的机灵，让他在店里当侍应生。这表面上看起来的一小步，其实是前进了一大步。毕竟，侍应生跟他之前干的工种相比，还算是比较体面的工作。

然而，庞兹对于这种赏识根本不屑一顾，更不会对老板报以感激。没多久，他的手就痒了，又开始小偷小摸。最终，发现他有偷盗行为的老板立马解雇了他，庞兹又开始了流浪的生活。

他在纽约、纽黑文、匹兹堡、帕特森、普罗维登斯等城市辗转，直到去了加拿大，他的职业生涯才有了"转机"。

二

来到加拿大的庞兹，通过购买假证件伪装成大学金融系的高才生，到加拿大的金融机构碰运气。

很凑巧，加拿大蒙特利尔市的一家意大利人开办的银行招收出纳，庞兹抱着试试看的心理前往应聘。他竟然应聘成功了，一脚踏入了银行业这条遍地黄金的河流。

在这里，他和银行行长扎罗西成了朋友。扎罗西可能是庞兹游历各地以来第一个交心的朋友。

在其他银行给储户3%利息的情况下，扎罗西银行却许诺给储户6%的利息。高出一倍的利息收益，对储户来说，这个吸引力是致命的。于是，储户纷纷来了个储蓄大搬家，将存在其他银行的钱也挪到了扎罗西银行。多年以后，扎罗西银行的客户存款规模有了急剧的增长。

然而，储户们不知道的是，在他们看上扎罗西银行利息的同时，扎罗西和银行却看中了储户的本金。扎罗西跟储户承诺这么高的利息，是想把储户的钱挪作他用。除了银行之外，扎罗西还有其他产业。他的算盘是，如果其他产业带来的回报能覆盖6%的成本，那么他就可以承受比别的银行高出一倍的存款成本。

当经济处于平稳的上升势头时，他的逻辑是成立的。比如，至少从数据上看，股权资产的长期回报率在扣除通货膨胀之后，年化回报率是超过6%的。因此，早期的时候，储户存在扎罗西银行户头的钱都是安全的，无论什么时候想拿回钱，本金和利息都安然无恙。即便到了后来，储户提款的规模大了很多，扎罗西银行也能通过吸纳新储户的本金，然后用这些新储户的钱去还老储户的本金和利息。只要到期的储户不挤兑，扎罗西银行总能赢得时间，化险为夷。

但是，事物的发展并不总是一帆风顺的。1907年，美国金融危机爆发，一些银行破产，大量银行被挤兑，即便身处加拿大蒙特利尔市的扎罗西银行也不例外。大量储户挤在银行门口，试图拿回自己的本金和利息。但在金融危机的大背景下，扎罗西的投资大幅缩水，根本无法应对储户的大额提款要求。

在跟庞兹交代一番后，扎罗西携带巨款逃往了墨西哥。而庞兹则留下和扎罗西的家人生活在一起，其中就包括扎罗西的两个女儿。老板的跑路虽然让庞兹失去了工作，但也为他打开了新世界的大门。正是这家银行，让庞兹习得了"拆东墙补西墙""空手套白狼"等一系列法术。

在某种程度上,可以说,扎罗西是庞兹进入骗子行业的领路人。对庞兹而言,尽管丢失了工作,但在蒙特利尔的日子,仍然算是一段好时光。一方面,他与扎罗西的大女儿坠入爱河;另一方面,他学到了"技能"和"本事",为今后的"大展宏图"奠定了坚实的基础。

几个月之后,他觉得自己应该离开。毕竟作为一个"打工人",好好赚钱、赚大钱才是他来北美的主要目的。就像黎明和张曼玉主演的电影《甜蜜蜜》里的台词所说的那样:"我来香港的目的不是你呀,你来香港的目的也不是我呀。"总之,要不忘初心,对吧?而儿女情长,在庞兹看来,暂时可以放在一边了。

但此时的他依然身无分文,而人在困顿之下,完全有可能做出一些令人不齿的事情。落魄之下的庞兹,再一次动起了歪脑筋。他伪造了一张支票,而且骗过了银行的工作人员,成功地从银行取出了几百美元。然而,钱还没有焐热,就东窗事发了。于是,在蒙特利尔的监狱里,庞兹度过了接下来的3年时光。

出狱之后,他只身回到美国亚特兰大市。但由于生活没有着落,他又卷入意大利的非法移民活动,结果又被抓个正着。刚从加拿大的监狱里出来的庞兹,转身又进了美国监狱服刑。这次的牢狱之灾,在某种程度上,可以说完全改变了庞兹的人生观、世界观和价值观。

在他看来,人与人之间是不可能平等的。虽然都是囚犯,但有权有势的人，可以通过聘请更好的律师为自己减刑或者保外就医。而像他这样的穷人，只能熬到刑期结束。如果运气好，还有可能减刑；如果运气不好，就啥都别指望了。

这一次，他又在监狱里度过了两年。

三

数度入狱的经历，让庞兹声名狼藉，别人甚至都不拿正眼看他，再次出狱的庞兹陷入了众叛亲离和四面楚歌。

而经过一番人生思考之后的庞兹，似乎也改变了一贯的想法，开始变得踏实。他回到了当初来美国后落脚的第一站——波士顿，过着隐姓埋名的低调生活。他在医院做过男护理，当过业务大使，也当过商品销售员。

之后，他遇到了罗斯·玛利亚，一个令他怦然心动的女人。恋爱的力量是很强大的，庞兹愿意为她改变自己。有趣的是，此时的庞兹母亲展现了"大义灭亲"的一面。她亲自给玛利亚写了一封信，信中，她历数庞兹丑陋不堪的前半生，并劝她好好考虑清楚。然而，同样被爱情冲昏了头脑的玛利亚根本就不在乎这些。

1918年，庞兹与玛利亚正式结为夫妻。婚后，原本想着平平淡淡生活的庞兹，却因为一封信的到来而改变了想法。其实，那不过就是一封普通的信件，庞兹却从中嗅出了商机。

人们在寄信件时，为了让收信人不必承担回信时的邮费，便附上一张回信优惠券，收信人在回信时，就可以用回信优惠券换一张全新的邮票。但因为各国的货币价值不等，同一张优惠券在不同的国家代表着不一样的价格。

庞兹掐指一算，发现其中有着不低于10%的利润空间，是一个诱人的商机。于是，他成立了自己的投资公司，并着手推广他的新想法。庞兹对外宣称，自己在欧洲有着庞大的代理网络，并有办法将大量的邮票进行套利操作。如果人们能够将钱交由他运作，他可以承诺"45天50%"的回报，即3个月翻一番。

然而，实际情况是庞兹没有任何代理网络，也不是真的拿客户的钱去做邮票的套利操作。庞兹认为，他只需将后进来的新客户的钱补贴给老客户，那么，就会有大量被金钱回报吸引的客户乖乖地把更多的钱交给他打理。

果不其然。没过多久，庞兹的信徒就如潮水般涌来，整个美利坚合众国，到处是他的"合作伙伴"。极具戏剧化的史上第一个"庞氏骗局"便应运而生。庞兹凭借这种"开创性"的快速融资方法，竟然在很短的时间就成功敛财800万美元。

800万美元在当时是一个天文数字。庞兹拿出部分资金，买入了一家银行的部分股权，然后插手其业务和运作。庞兹甚至想通过这个银行达成"洗钱"的目的，但好在他的想法被董事会拒绝了。

既然没有履行投资的承诺，庞兹会怎样对待这笔巨款呢？答案是：挥霍。他买了豪宅、几辆限量款豪华轿车、一百多套名贵的西装，并配上专门的皮鞋，拥有数十根镶金的拐杖，还给他的妻子买了名贵的首饰，连他的烟斗都镶嵌着钻石。他开始疯狂购物，但物质带来的边际效用递减得特别快，他买得越多，内心就越空虚。

但他光鲜的外在，已经足以让外界心生羡慕了。他登上了《波士顿邮报》头版头条，被评为杰出的资本家、银行家。有意思的是，前科累累的庞兹，竟然成为意大利人的英雄。据说，这个身高不足一米六的小个子男人无论走到哪里，都有意大利侨民向他致意："你是最了不起的意大利人。"

不过，不是所有人都为他疯魔，政府有关部门就曾对他进行调查，许多经济学家也纷纷表态无法解释他的盈利模式。庞兹不慌不忙，他请人在报纸杂志上撰文反驳那些质疑他的经济学家。随后，庞兹还以"如何销售邮票是商业机密"为由，拒绝了其他组织要求翻看运作记录的要求。

但有学者经过长时间跟踪，发现庞兹实际上根本没有将资金进行投资，于是通过媒体捅了出来。1920年7月，《华盛顿邮报》首先发布了一篇文章：《庞兹计划被彻底揭穿》，引起了轩然大波。8月，大量波士顿市民向市政府报案，声称自己在庞兹的投资计划中受骗。此时庞兹因为后续投资者急剧减少，无法支付巨额的利息，于是在8月11日宣布破产。

庞兹被捕后，因86项诈骗罪行被判入狱9年。在当时的美国，金融诈骗被判处9年徒刑已经算是严厉处罚了。庞兹这个骗局，导致大约4万个美国家庭遭受灭顶之灾，很多家庭的存款彻底清零。更惨的就是那些向亲戚朋友借钱投资庞兹的倒霉鬼。

庞兹也不是第一次坐牢了，把牢底坐穿又何妨？再说了，几年的监狱生涯对他来说可能反而是一种保护。想想那些破产的几万个家庭，庞兹如果胆敢走在大街上，很有可能被他们生吞活剥了。

刑满释放后，庞兹贼性不改，又用类似手段行骗，结果再次被捕，判刑多年，直到1934年才被释放。此时的庞兹已经臭名昭著，可以说全球闻名。因为在他入狱期间，他的诈骗手段被无数诈骗犯学习，这个诈骗模式被称为"庞氏骗局"。

美国政府知道庞兹出狱后肯定还会行骗，直接将他驱逐出境，赶回了意大利老家。有意思的是，胆大包天的庞兹，回到意大利后继续招摇撞骗，甚至试图诈骗独裁者墨索里尼。

然而墨索里尼的骗术要比他高明多了，能够欺骗整个国家的人怎么可能跟着庞兹这样的小人物胡闹呢？在墨索里尼面前，庞兹充其量是小骗子。墨索里尼根本不受骗，还将他赶出了意大利。

庞兹流浪到巴西，不得不踏实地在一家航空公司从事体力劳动。第二次世界大战期间，该航空公司大量裁员，很不幸，庞兹成了被裁员群体的一员。1949年，庞兹在巴西里约热内卢的一个慈善堂内因病去世，死时身无分文。

实际上，"庞氏骗局"的基本原理一点都不复杂，并且非常容易被他人看穿。但是，从18世纪到现在，每个时代、每一年，甚至每个时刻，总是有成千上万的人梦想着一夜暴富，被高额回报蒙住了双眼，最终陷入"庞氏骗局"。

投资者应该相信这样一个常识：这个世界上压根儿就不存在收益很高、本金无风险的理财产品。就像某位业内大佬所说的那样，一种理财产品，收益率超过6%就要打问号，超过8%就很危险，10%以上就要准备损失全部本金。

◇ 投资人视角

虽然说不能跟骗子谈职业道德，但庞兹确实是一个品德极其败坏之人。就这一点来说，庞兹的母亲也是这么认为的。

人品如此卑劣的一个人，竟然能将大众骗得团团转，不得不让我们对人性进行一番更深入的思考。人类的历史非常漫长，自农业革命以来，尤其是工业革命之后，人类社会的发展日新月异，但人性方面似乎并没有取得多大的进步。

我们仍然"贪、嗔、痴"，仍然容易被表象蒙蔽双眼，仍然被欲望支配着，在物质文明高度发达的今天更是如此。

庞兹胆敢挪用客户的资金用于个人奢侈消费，这是匪夷所思的事情。庞兹没想明白的是，物质带来的边际效用是递减的，且递减得特别快。当我们渴了，第一杯水可以让我们获得极大的满足，但第二杯、第三杯就成了负担。我们会对第一笔奖金、第一套房子、第一辆车记忆深刻，但之后的奖金和其他资产的增加，可能并不会给我们留下多美好的记忆。这也是生物演化的基本逻辑，在此不做过多的论述。

从庞兹的故事中，我们还得到了另一个重要的启示，那就是：保持理性和相信常识。庞兹的欺骗手段非常低级和拙劣，"庞氏骗局"的原理一点都不复杂，但仍然让那么多的人成了可怜的受害者，这是公众丧失了理性，是对常识的无视。

在资管行业，很多人其实很清楚，如果一个生意和企业本身很难赚钱，投资人要在股票市场上赚到它的钱是很难的。就是这么一个常识，却没有得到足够和应有的重视。大部分投资人，甚至是上市公司的所有者和经营者，仍然把精力放在企业的股价而不是公司的经营上。

这如果都不是缘木求鱼和本末倒置，那是什么呢？

从纳斯达克主席到金融巨骗：伯纳德·麦道夫

他年纪轻轻就创立了以自己名字命名的证券公司，是华尔街明星股票经纪人。他曾担任纳斯达克交易所主席，主导了谷歌、苹果等著名企业的上市。他利用自己深厚的"背景"，打造了华尔街金融史上最大的金融诈骗案。他就是伯纳德·麦道夫，一个能将"庞氏骗局"玩转20余年的诈骗犯。

2021年4月14日，一位耄耋老人在美国北卡罗来纳州布特纳的狱中自然死亡。他的去世引起了媒体的广泛关注，就如同他当年犯案被曝光时那样。这个老人可不简单，他是截至目前美国金融史上最大"庞氏骗局"的主犯、纳斯达克前主席、华尔街明星股票经纪人伯纳德·麦道夫。

一

1938年，麦道夫出生于纽约市皇后区的一个普通犹太人家庭。

按萨缪尔·亨廷顿在《文明的冲突》一书中的逻辑：一个人

的出生地、肤色、语言和宗教信仰大体上构成了他的文明特征,他很容易在一个文明特征类似的群体中找到认同。

麦道夫毫无疑问是一个聪明人。对麦道夫来说,犹太人的身份是他与犹太社区的宗教领导人和名人们拉关系、拓展人脉的纽带和名片,因为这些人能够影响犹太资本的投资。

中学毕业后,麦道夫考入了霍夫斯特拉大学。1960年,22岁的麦道夫大学毕业,获得了政治学学位。毕业后的第二个月,麦道夫就凭借其岳父资助的5万美元和打暑期工赚得的5000美元,创立了以自己名字命名的证券公司。

彼时,华尔街的股票交易依靠人工进行,效率低,佣金高。股民如果想买卖股票,就必须到交易大厅找股票经纪人帮忙操作,交易成本极高。麦道夫敏锐地发现了科技发展的优势,也很好地抓住了机会,率先推出计算机证券交易系统。"在那个年代,买卖股票效率很低,需要很多交易员操作,而且佣金很高。"麦道夫回忆道,"但我的公司很早就靠自动化交易赚了不少钱。"

华尔街把麦道夫当作计算机交易的奠基人之一,在纳斯达克交易所,他成了举足轻重的人物。1991年,麦道夫出任纳斯达克交易所主席,当时的媒体把他称为"证券业的国会议员"。纳斯达克主席这个身份,为他的"庞氏骗局"提供了信用背书。这个身份就像是一种掩护,显然算是麦道夫行骗20余年才案发的原因之一。

在麦道夫这个能人的运作下,麦道夫公司也成为纳斯达克三大提供上市咨询的经纪公司之一,业务遍及金融和股票交易的各个角落。他主导的一系列政策对完善华尔街的金融框架发挥了重要作用。

麦道夫还建立了自己的慈善基金会,资助的慈善机构和公共事业遍布全美。他给投资人和公众的印象是:谦虚、低调、顾家、乐善好施,大家都亲切地称呼他为"伯尼(Bernie)"。

二

麦道夫的诈骗活动其实从20世纪90年代就开始了,但从量变到质变,是始于2000年前后。

20世纪90年代,麦道夫借助于自己作为成功股票经纪人的"光环",成立了一家资产管理公司。他很善于通过自己的社交网络(在俱乐部或慈善团体等场合)为这个基金公司进行筹资。他交友甚广,也擅长借力。那些落入陷阱的投资人,因为可观的抽佣,也乐于向麦道夫介绍客户。

跟银行一样,基金公司经营的也是信用。信用建立所耗费的时间,在陌生人之间极其漫长。而熟人之间的转介绍,可以大大降低建立信用所付出的时间成本。不得不说,麦道夫是算经济账的高手。通过熟人之间的口口相传,麦道夫很快就体会了什么是"滚雪球效应"。

据《华尔街日报》报道,当时的一名受害者表示:"当你在俱乐部打球或吃午饭时,所有人都在讲麦道夫如何帮他们赚钱,几乎所有人都想加入麦道夫的项目中。"在俱乐部或慈善团体场合,麦道夫通过营造神秘、尊贵的形象,俘获了不少上流人士的心。

这位长得很像好莱坞明星罗伯特·德尼罗[①]的纳斯达克主席很会玩欲擒故纵的把戏。对于那些比较谨慎的投资者,他通常避而不见。而那些进入他的信任名单的投资者,则可以与他在奢华场所聚会。这些招数增加了麦道夫基金的神秘感,使麦道夫在与投资者打交道时掌握了主动权。

在很多人看来,把钱投给麦道夫,是尊贵和特殊身份的象征。

麦道夫还为自己树立了"投资必赚"的口碑。有些犹太老人称麦道夫是"犹太债券",因为他每年都能给出10%~12%的投资回报,无论金融市场形势如何。麦道夫曾说:"只要相信我,你每个月至少会得到1%的回报。"据说,他的客户的账户里,每个月都像时钟一样准时地收到1%的回报。

他不但必赚,而且稳妥。稳妥到什么程度呢?其与股票挂钩的基金投资,不论市场涨跌,其收益率始终为正,甚至在2001年互联网泡沫破灭、股票投资者普遍亏损时,其投资收益依旧稳定。麦道夫曾吹嘘道:"我在上涨的市场中赚钱,在下跌的市场中也赚钱,只有缺乏波动的市场才会让我无计可施。"

---

① 在以麦道夫"庞氏骗局"为原型改编的电影《欺诈圣手》中,麦道夫一角由好莱坞影星罗伯特·德尼罗饰演。

此外，这游戏能玩这么久，除了因为麦道夫基金数年来极其稳定的回报且从不违约，还有一个更重要的原因是：麦道夫将基金的回报率压在中等水平，既能跑赢平均水平又不显夸张，让人觉得心里踏实。

这可能是麦道夫最高明的地方。作为一个资深的金融从业人员，他很清楚，如果允诺的收益过高，相信的人反而更少。因为过高的长期回报是违背金融常识的。

在美剧《风骚律师》中，正直的哥哥查克一直很反对弟弟吉米（索尔）进入律师行业。他认为，进入律师行业的吉米就像"拿着机枪的大猩猩"一样危险。对麦道夫这个洞悉金融行业游戏规则的权威人士来说，如果他要干点坏事，其造成的后果堪比"拿着机枪的大猩猩"。

在麦道夫看来，既然玩了，就不如玩一把大的。于是，他把目光对准了大资金、大客户。对保险、银行等机构投资者来说，一个风险跟国债差不多，但收益高出N倍的"低风险、高收益"产品，其诱惑力几乎是致命的。在某种程度上，麦道夫的骗局是为大客户"量身定做"的。

换句话说，当这个世界上真有一种基金产品，在几乎不承受波动风险（如果波动也算风险的话）的情况下，每年还能获得有吸引力的稳定回报，没有人会对这样的产品产生免疫，这样的基金产品根本就不愁客户。

但这个世界上，会有这样的基金产品吗？

三

所谓"庞氏骗局",即"拆东墙,补西墙",用高收益或高回报率吸引投资人的钱,但并不做投资,而是用新投资人的钱来应付旧投资人的提现,只要投资额一直大于提现额,游戏就能一直玩下去。

"庞氏骗局"离不开高收益的诱惑,但收益越高,资金池流失得越快。因此,"庞氏骗局"一般存活两三年就会崩盘。但麦道夫骗局整整存活了20年。要不是因为2008年国际金融危机爆发,有的机构投资者争着赎回资金,麦道夫补不上70亿美元的大窟窿,他的骗局很可能一直持续。

国际金融危机之下,麦道夫的项目吸引不到新投资人,旧投资人也急于赎回本金。这场旷日持久的骗局摇摇欲坠。2008年12月初,一个机构投资者要求赎回70亿美元的投资,但麦道夫已无钱支付。12月10日,他不得不向自己的两个儿子马克和安德鲁坦白,这一切都是巨大的"庞氏骗局"。当天晚上,麦道夫就被两个儿子告发了。第二天,麦道夫被捕,这桩震惊世界的诈骗案终于浮出水面。

麦道夫的狡猾导致许多精明的犹太人上当,像诺贝尔和平奖得主埃利·威塞尔之类的名人和许多大屠杀幸存者都把钱交到了麦道夫手上。在名人效应的带动下,许多金融机构、慈善机构、国际组织也相继沦陷,受害者包括:纽约费尔菲尔德·格林威治集团,损失75亿美元;西班牙第一大银行巨头桑坦德银行,损失31亿美元;英国汇丰银行,损失10亿美元;苏格兰皇家银行,损失6亿美元;法国第一大银行巴黎银行,损失3.5亿欧元;瑞士私人银行,损失3.25亿美元;日本东京野村控股公司,损失3.06亿美元;美国马克萨姆资本管理公司,损失2.5亿美元;日内瓦私人联合银行,损失4750万美元;等等。

此外,包括斯皮尔伯格基金会在内的多家慈善基金会,在投资上一向谨小慎微的银行和投资机构,以及数以万计的私人投资者,纷纷栽在了麦道夫的骗局中。

一位法国对冲基金管理人,因为投资麦道夫的项目造成巨额亏损,不堪重负自杀身亡。一名65岁的英国老兵,也因为间接受麦道夫案牵连损失毕生积蓄,自杀身亡。

四

麦道夫以证券诈骗、投资顾问诈骗、邮件诈骗、汇款诈骗、3项洗钱罪、提供虚假证明、做伪证、向美国证监会提供虚假报告和从员工福利计划中挪用资金等11项罪名被起诉。

2009年,法院最终裁定麦道夫多项罪名成立,其诈骗总金额高达650亿美元。麦道夫被判处有期徒刑150年,他在纽约曼哈顿联邦地方法院法庭上认罪并入狱。

对于麦道夫玩的这套把戏,不是没有人怀疑过。美国股票市场多次崩盘，特别是2000年互联网泡沫崩盘，投资者损失惨重，但是麦道夫仍能提供稳定回报，这不得不让人怀疑。

事实上美国证监会至少接到过6次投诉，也曾进行调查，但最终不了了之。更让人怀疑的是，麦道夫骗局并不是由他一人主导。监管机构、与麦道夫有业务往来的国际组织、金融机构等与麦道夫之间可能存在利益输送问题。在外界看来，美国证监会的许多人就是华尔街出去的，麦道夫又有纳斯达克主席的身份，"大家都是一家人"，这构成了麦道夫的制度保护伞。

因此，有这种怀疑实属正常，因为有太多不可思议的事情。比如，麦道夫的证券经纪业务整整13年没有一笔交易，难道监管机构都没有产生怀疑？又如，麦道夫公司的证券经纪业务、咨询业务、资金管理业务都应该向监管部门注册报备，但麦道夫的资金管理业务从未报备过，监管机构也没有询问过。再如，按照美国《证券法》，麦道夫公司需要进行财务审查[①]，但是美国证监会从来没有审查过麦道夫的账目。

五

直到案发前的最后时刻，麦道夫仍然非常受人尊敬，投资者都非常渴望把资金交给他管理。麦道夫曾相信，自己可以将骗局持续到自己离开这个世界。麦道夫可能是将"庞氏骗局"玩大

---

① 财务审查正是近年来美国证监会刁难中国在美上市公司的一个主要原因。

的第一人,这主要"得益"于他自身的"光环效应"和"聪明才智"。

我们相信,"庞氏骗局"这个把戏还将在全球不断上演,因为它几乎不可能被消灭。这跟人性相关。人一直有好逸恶劳的恶习和不劳而获的动机,只要机制存在漏洞(毫无疑问,机制的漏洞永远存在),就为像麦道夫这样的人提供了诈骗的条件和机会。

人也有无知的一面。就像苏格拉底所说的那样:我唯一知道的,就是我一无所知。在知识的海洋里,我们的智慧只不过是一滴水。对很多投资者来说,他根本没有能力去判断市面上的那些金融产品到底是怎么回事。比如,底层资产是什么、承担了多大的风险等。他们判断的依据往往就是收益率,以及所谓"回撤""波动性"等。

若以无知作为背景板,在贪婪和恐惧的人性缺陷作用下,投资者往往会做出很多非理性的事情。

六

麦道夫给自己的家庭带来了无尽的痛苦。

尽管他的两个儿子一再否认和"庞氏骗局"案有关,但两人均背负着巨大社会舆论压力。2010年,因不堪忍受父亲带来的羞辱,长子马克自杀身亡,死前留下了一张令人痛苦的小纸条,上面写着:"伯尼(麦道夫),现在你知道你的行为是怎样毁掉我的生活了吧。"麦道夫的妻子露丝虽然没有与其离婚,但在长子马克死后,她再没有同麦道夫说过一句话。"我至死都不会原谅我父亲所做的事情。"麦道夫的次子安德鲁说。在与淋巴细胞瘤抗争多年后,安德鲁于2014年离世。

2015年,在给媒体的一封电子邮件中,麦道夫坦言,他在狱中时常想念自己的家人:"我到底是怎样让自己陷入这场噩梦的?"外人更想知道这个问题的答案,但可能永远也不会有答案了。

◇ 投资人视角

虽然都是"庞氏骗局",但跟庞兹相比,公众对待麦道夫的态度,可能还是略有不同。

因为麦道夫的下场非常悲惨,甚至到了祸及家人的地步。同情弱者是人的天性,哪怕这个弱者实际上是一个十恶不赦之人。所以,即便到了人生的最后阶段,麦道夫仍然收买了部分公众的"人心"。

麦道夫的"庞氏骗局"对公众的伤害是巨大的,对资管行业的打击也是巨大的,因为资管行业跟银行业一样,经营的也是"信用"。

"麦道夫案"涉及金额如此之大,这跟麦道夫自身的光鲜身份和人设有很大的关系。资管行业是一个严重信息不对称的行业,一般人很难对基金管理人和投资经理作出恰如其分的评估。

对公众或投资者来说，通过新闻媒体或业绩，去评判管理人和投资经理，是一个省心省力的办法。

公众偷懒了，管理人或投资经理的光环效应就起作用了。一个公众人物吸引资金的能力是非常强的。但是，公众人物的影响力同信托责任和投资能力之间，并不是简单的线性关系。我们应该对所谓"权威人物"保持足够的警惕。

就资管行业来说，依我的经验，真正优秀的管理人或投资经理对成为公众人物并没有什么兴趣。他们甚至讷于言，对事物的判断总是模棱两可。他们在给出结论之前，往往会加上各种限制条件。他们对市场也总是心存敬畏。

迷信权威是各行各业的通病，金融行业尤甚。股民或基民总是对某些有重大影响力的策略分析师或基金经理保持紧密的关注，生怕错过他们的只言片语。

他们几乎放弃了自己的思考。人一旦放弃思考，危险也就临近了。

诈骗者篇
都付笑谈中

金融史上最离奇的诈骗者：格雷格尔·麦格雷格尔

他虚构了一个国家，并通过发行政府公债的方式骗取资金。他是"波亚斯骗局"的主导者，他的骗术吸引了一批投资人和移民前往波亚斯，并酿成了惨剧。他就是格雷格尔·麦格雷格尔——金融史上最离奇诈骗案的"缔造者"。

1822年9月，一艘移民船从英国港口缓缓驶出。船上坐着70名乘客，他们的目的地是中美洲的波亚斯共和国。

据说，那是一个像天堂一样的国家：那里冬无严寒，夏无酷暑；那里森林繁茂，山脉宏伟；那里土地肥沃，粮食高产；那里牛羊遍野，鸡鸭满地。

那里还有绿树成荫的小路和一个个种植园，清澈见底的小溪在山间蜿蜒流淌，犹如传说中的人间仙境。那里最不缺的就是金矿，只要你愿意，就能直接挖一袋金子扛回家。所以，这个国家的人都非常富有。

当然，如此优秀的国家也有一个致命的缺点，就是人少。因为太缺人，所以遍地的黄金没人挖、庄稼没人种、政府没人干。"这么好的资源白白浪费简直就是造孽！"一个医生模样的乘客感叹道。其余的乘客纷纷点头表示认同。那神情，仿佛个个是志存高远的"天选之子"。

两个月后，满载"幸运儿"的船只抵达波亚斯。但陆地上的景象让这70个"冒险家"目瞪口呆，因为这里跟他们母国报纸上描述的完全不一样：这里不仅没有金矿，而且连个人影都看不到。

满怀希望的移民终于意识到自己被骗了。他们情绪失控，有的人大骂报社的无良，但大部分人开始大声咒骂那个给他们描绘波亚斯蓝图的人。但一切为时已晚，此刻的他们已经没有了退路。因为暴风雨的洗礼，移民船被损毁，回去的路已经被堵死了。没办法，他们只能在海滩安营扎寨。

4个月后，第二艘移民船抵达波亚斯海岸。这艘船上大约有200人，这批乘客下船后试图寻找首都，结果却与4个月前抵达的第一拨人会合了。就跟第一拨人一样，在得知自己被骗后，他们变得极其愤怒。但他们也别无退路，因为把他们运至此地的船早就开走了。

那个给移民描绘波亚斯蓝图且被移民诅咒的人，名叫格雷格尔·麦格雷格尔。

诈骗者篇
都付笑谈中

一

格雷格尔·麦格雷格尔，1786年出生于苏格兰。

麦格雷格尔的父亲是一名东印度公司的船长。东印度公司的全称是"伦敦商人在东印度贸易的公司"，由一群有创业心和影响力的商人创建于1600年。这些商人获得了伊丽莎白女王给予他们的对东印度的21年贸易专利许可。在巅峰期，东印度公司建立了英属印度，从一个商业贸易企业变成印度的实际主宰者。在1858年被解除行政权力之前，东印度公司还充当着助理政府和海军的角色。

在父亲的言传身教以及社会大环境的影响下，麦格雷格尔从小就向往冒险行动。他16岁就加入英国陆军。只不过，他既没有拿得出手的战绩，也没有飞速上升的官职，最后只能无奈退役。唯一的好处可能就是学到了一身军事本领，这也成为麦格雷格尔人生的起点。

退役后的麦格雷格尔是有企图心的，他不甘心年纪轻轻就"躺平"。他来到南美洲，加入玻利瓦尔领导的委内瑞拉军队。在这片充满生机的土地上，麦格雷格尔凭借此前军旅生涯的经验表现出色，最后晋升了少将军衔。

按理说，此时的麦格雷格尔已经功成名就了，可他骨子里的冒险精神让他无法安分下来。于是，在1817年，麦格雷格尔带领一支部队,占领了佛罗里达海域的一个小岛,并宣布建立"佛罗里达共和国"。

就这样,少将麦格雷格尔摇身一变,变成了"国王麦格雷格尔"。

可惜的是,这个小岛并不是无主之地,它归西班牙管辖。西班牙人虽然没有在小岛上设立管理机构,但每年都会派遣军队前来巡视,以证明这里是西班牙领土。在一次例行检查中,西班牙军队突然发现这里被别人占领了,于是立刻登陆作战。在这些正规军面前,麦格雷格尔的军队不堪一击,很快败退,连同一起灭亡的还有"佛罗里达共和国"。

失败后的麦格雷格尔辗转来到英国伦敦。正所谓,树挪死,人挪活。在伦敦,麦格雷格尔看到了机会、看到了希望,更看到了一个可行的计划。他发现,英国人民对投资拉丁美洲这样的新兴市场具有疯狂的热情,而他本人长期在拉美生活,对那里的情况了如指掌。

二

19世纪的英国,是无可争议的世界第一强国。

政治上,英国通过光荣革命确立了比较先进的资产阶级民主政体。经济上,率先开始的工业革命,让英国成为"世界工厂"。同时,规模庞大的殖民地既为英国提供原料,又为英国工业品提供产品倾销地。军事上,英国更是战果辉煌,什么"海上马车夫[1]"、"无敌舰队[2]"、法国的拿破仑最后都败在英国手里。

船坚炮利的大英帝国取得了大航海时代或者殖民时代最重要的权力：海上霸权。很显然，英国经济的发展，是通过帝国主义、殖民主义和血腥的奴隶贩卖达成的。

通过掠夺全球经济，英国从王公贵族、资本家到产业工人，都比以前任何时候富有。人们手里有了富余的钱之后，自然要为钱寻找出路，要钱生钱，要投资。而说到投资，兼具较高收益和安全性的也就只有政府公债了。这其实也是当时英国国民最普遍的一种投资方式。

在金融市场，购买政府公债无疑是非常稳妥、非常安全的投资方式。毕竟相比个人、企业和其他社会组织，国家的实力更强大，到期兑付的能力也更强。可以说，购买政府公债是一种几乎不会赔钱亏本的买卖。彼时的俄国、普鲁士、丹麦政局稳定、发展势头良好，加上高回报率，它们发行的公债很快被英国投资者们抢购一空。但唯一的问题是，随着整个资本主义世界的大发展，很多英国人开始看不上那些小利的政府债券了。

另一种投资方式是选择资源类公司的股票。一个幸运的投资人，如果选对了资源类企业，投资回报可能非常可观。比如，英美资源公司的股价曾在短短一个月时间暴涨了200%。1859年，一

---

[1] 指17世纪的荷兰。
[2] 指西班牙帝国16世纪晚期的海上舰队。

位金融记者在回顾当时的情景时表示，投资者们的收益预期被充分调动，开始变得极其乐观。

此外，对拉丁美洲的投资也逐渐流行。直到19世纪，西班牙和葡萄牙两国仍然是拉丁美洲的主要殖民国家。但拉美的独立运动，以及西班牙和葡萄牙综合国力的不断下降，导致一长串的新国家开始诞生。新国家的诞生，也就意味着一个新经济体的形成。

一个百废待兴的新经济体，需要大量的资金用于国家建设。在股权融资市场尚未形成时，发售政府公债是一个国家向社会筹集资金的最常规手段。当时，巴西、哥伦比亚、墨西哥和危地马拉等国的新政府都在紧锣密鼓地出售政府债券。

在资金稀缺的情况下，为吸引资本流入，这些新经济体愿意给予债权人的利率显然要比英国这样的老牌成熟经济体高。比如，墨西哥政府债券的利率为6%，比英国政府公债的利率高一倍。因此，英国富人开始把目光和投资目标转向了拉丁美洲。他们天真地认为，只要投资拉美国家，就一定可以取得高收益。

有人还为这种现象取了一个新名词：拉美乐观主义。这是一个"人傻钱多"的时代，给了有贪天之心的人机会。

当看到如此多的英国富人踊跃地投资拉丁美洲的时候，麦格雷格尔的内心首先是懊恼的：自己在佛罗里达小岛的时候怎么不知道来伦敦拉投资、拉赞助呢？说不定有了钱，再购买装备招募新军，就不用被西班牙人赶出来了。

要说一般人遇到这种情况,除了懊恼和惋惜之外,肯定就开始别的生活了,但本文的主人公麦格雷格尔压根儿就不是"一般人"。他也想发政府公债,但发行政府公债首先得有一个国家,于是他决定建立一个国家。

有人说,麦格雷格尔其实是有梦想的,建立新国家是他的真实目的。但即便如此,通过非常手段,让那么多人为他的梦想买单,也是一件令人不齿的事情。

麦格雷格尔开始施展他的惊人手段。他先谎称自己是波亚斯共和国的主人,并在英国各大媒体上造势。实事求是地讲,用"谎称"二字其实是不太恰当的,因为这块地确实跟他有历史渊源。

因为久经沙场,麦格雷格尔偶然间结识了洪都拉斯的国王。据说,两人竟然到了称兄道弟的地步,结果国王大哥大手一挥就把波亚斯这片土地授予了麦格雷格尔。起初,麦格雷格尔还乐得合不拢嘴,但当他看到波亚斯这块荒凉到老鼠都不愿意来的土地时,心都凉了半截儿。这么一块土地,对当时的麦格雷格尔来说,价值几乎等同于零。

但没想到,如今终于可以派上用场了。他为了让骗局更加真实,请杂志社出版了一本长达300多页的宣传册,将波亚斯描述成了一个乌托邦般的世界。那个时候的英国报社和杂志社,为了销量可谓无所不用其极,毫无节操可言,什么捕风捉影的事都能印在报纸和杂志上。

除了宣传册之外，麦格雷格尔还出了一本旅游指南书。在这些媒介里，麦格雷格尔大肆宣传波亚斯有多么好、多么富饶，发展前景多么广阔。当然除了地理位置以外，其他的内容都是他编的。不过在强大的舆论攻势面前，麦格雷格尔和他的波亚斯让很多人向往起来。

正所谓，谎话说一千遍，就成了真理。在强大的舆论攻势面前，总有人会被营销，信了那些鬼话，而这些人还有可能成为麦格雷格尔免费的宣传工具。在宣传册里，就像文章开头所说的那样，麦格雷格尔描述波亚斯河床里到处是黄金，遍地是矿产。

那里不仅风景美丽，农作物还可以一年三熟，当地的原住民也非常喜欢英国人。你没看错，连"原住民非常喜欢英国人"这种宣传话术都敢放到宣传册里。为了让人们相信波亚斯的存在，麦格雷格尔还专门为这个国家设计国旗，成立不存在的政府机构，甚至制定了宪法和相关法律。

除此之外，麦格雷格尔还祭出了一个"大杀器"：开挖运河。洪都拉斯这个地方靠近巴拿马地峡，而真正的巴拿马运河要将近一百年以后才正式通航，可想而知运河在当时对人们的吸引力有多强烈。

尽管这些纸面的东西很是诱人，但也漏洞百出。可是，架不住有人不甘于现状，想要寻求突破。所以，麦格雷格尔首批发行价值20万英镑的波亚斯公债很快就被抢购一空，年回报率达到6%，与投资很多拉美国家的回报率不相上下。

麦格雷格尔是聪明人，就像伯纳德·麦道夫一样，他深谙人性。他设计的波亚斯公债回报率不高也不低，全看投资者自愿选择。当然，也不是所有人都完全信任麦格雷格尔，有人查了波亚斯的征税记录，结果发现什么都没有。

不过，麦格雷格尔只用一句"用进出口关税就可以偿还公债"，就把质疑者都打发了。

三

得到大量财富的麦格雷格尔没有就此止步，而是有了新计划。他准备往波亚斯移民。正是因为这点，让很多人相信，麦格雷格尔真的想建立一个殖民国家。否则，这不是多此一举吗？

在他的移民计划中，麦格雷格尔专门招募自己的苏格兰老乡。有人说他"杀熟"；也有人说他厚道，没有去坑其他人。他向人们宣称，苏格兰人吃苦耐劳，自己作为同族愿意帮助他们发展，其他人都不配拥有这个机会。

很快，7艘船只满载着移民准备前往波亚斯共和国。其中，两艘船打前站，一艘于1822年9月从伦敦出发，另一艘于1823年1月从利斯港启航。只不过，他们没想到的是，这竟然是一次死亡之旅。当移民们踏入波亚斯"领土"后，梦想就像泡沫一样破灭了，所有的美好都消失不见了。

早期的困难还是容易克服的。毕竟，他们的移民之旅，也还算准备得比较充分。他们带来了大量的食物，这些食物足够他们吃上三五个月；他们带了开发营地的工具，在他们中间也有搭建营地的专业人才；他们还带了满满一个药箱，在这些移民中甚至有一位执业医师。

如果把移民们踏入波亚斯的后期生活比作梦魇，那么他们早期的生活无疑就是幸福时光了。几个月之后，他们带来的食物所剩无几，但波亚斯果树上的累累果实，丛林中的各种野生动物，以及河流中的大量鱼虾，足以维持他们的温饱。

人类适应大自然的能力是不容低估的。但是，如果缺乏协作和"造血"能力，再丰富的资源也有被消耗殆尽的一天。接下来的几个月，情况开始急剧恶化。首先，食物分配不公激发了移民内部矛盾。这个群体没有了协作，狩猎和采集的效率越来越低，很多人开始饿肚子。其次，波亚斯复杂的热带气候容易滋生和繁殖病菌，导致大量移民患上了莫名其妙的疾病，对疾病的抵抗能力偏弱的孩子们陆陆续续死去。

有人试图建造一艘简陋的小船，然后驾船出海向外界求助。但很可惜，出发后不久，这位勇士就因为风暴船沉而死去。1823年年中，一艘路过的船只前来搭救，把幸存的移民送往伯利兹[①]。但在营养不良和热带疫病的摧残下，最终约有70%的移民死去。

消息很快传到了伦敦，英国急派军舰追上并叫回了另外5艘船。

---

① 中美洲一个小国。

骗局被识破后，麦格雷格尔迅速逃跑。他来到法兰西，在这里他还想故技重演。但法国政府认真调查了所谓的波亚斯，发现这个国家根本就不存在，于是逮捕了麦格雷格尔。就算后来麦格雷格尔出狱，也填不上公债的漏洞，这让他不得不流亡海外。

1845年麦格雷格尔在加拉加斯[①]去世，这可能是这位世纪大骗子最好的人生归宿吧。

四

在百度或者知乎上抛出"历史上最离奇的骗局是什么"这个问题，收获的答案往往会是：波亚斯骗局。

从诈骗金额来看，麦格雷格尔单次诈骗的最高金额为20万英镑，诈骗所得总计130万英镑[②]，相当于今天的40亿英镑。历史上并不乏诈骗金额更高、离我们更近的滔天大案。比如麦道夫案，麦道夫骗取的金额高达650亿美元，比麦格雷格尔诈骗的金额多十几倍。从诈骗总金额来看，麦道夫对麦格雷格尔形成碾压之势。

但就诈骗者的气魄而言，麦格雷格尔可能比历史上绝大部分骗子要大得多。毕竟，人家虚构了一个国家，还像煞有介事地整出了一部宪法。跟虚构一个国家相比，无论是麦道夫"有如神助的选股技巧"，还是庞兹"高回报无风险的投资项目"，都显得

---

① 又译"卡拉卡斯"，是拉丁美洲国家委内瑞拉的首都。
② 他之后还持续地发行了几期波亚斯公债。

格局太小了。

诈骗的至高境界,是先把自己给"骗"了。麦格雷格尔的诈骗能成功,原因是多方面的。比如,利用了人性的缺陷,具体一点,就是人性的贪婪。智人在非洲丛林的长期演化,让基因产生了这样的记忆:大自然的食物是极其短缺的,在有的吃的情况下,就应该敞开肚皮吃,直到吃不下为止。这也很好地解释了,为什么我们中的大部分人,都对甜食或水果缺乏免疫力。

人性的贪婪,导致悲剧在现代社会屡次上演。比如,17世纪的荷兰郁金香泡沫。在最疯狂的时候,有人愿意花6700荷兰盾买下一株"永远的奥古斯都[①]"。这意味着什么呢?按照当时的市场行情,6700荷兰盾可以买下一栋豪宅,还是在荷兰地价最高的阿姆斯特丹运河旁边。

一株花的市场价格等同一栋海景豪宅,这样的事实放在历史上的任何时刻都会让人觉得匪夷所思。更令人不解的是,当时荷兰人平均的年收入仅有150荷兰盾,简单换算后可以得知,一株"永远的奥古斯都"郁金香的价格抵得上普通荷兰人年收入的40多倍。

还有18世纪的英国"南海泡沫"和法国"密西西比泡沫"。聪明如牛顿,也在"南海泡沫"中损失了将近10年的薪水。事后他叹息道:"我能算准天体的运行,却无法预测人类的疯狂。"

---

① 17世纪的一种郁金香。

有人说，当时媒体咄咄逼人的宣传攻势也是一个很重要的原因。这些攻势包括全国性报纸的采访、一本宣传册和旅游指南书。当然，也包括麦格雷格尔言之凿凿、信誓旦旦的话语："波亚斯当地民风淳朴、气候宜人、土地肥沃，丛林里长满了珍贵木材。而且波亚斯的战略地位非常重要，靠近巴拿马地峡，这里早就有开凿运河的计划。"面对一群跃跃欲试去海外开创新生活的投资人和殖民者，麦格雷格尔的宣传话术还是很有杀伤力的。

在那个时候，去美国"淘金"和移民美国就像流行病一样快速蔓延和广泛流行。麦格雷格尔充分利用了投资人和殖民者蠢蠢欲动的贪念，并让他们相信：比起去美国，去崭新的国度波亚斯绝对是一个更令人心旌摇动的选择。

虽然他的有些宣传话术听起来很不靠谱，却把不少见多识广的军人、银行家和医生骗得团团转。不过这也不奇怪。真实世界的有些人，往往容易轻信他人，能接受高风险，而且想要拥有自己属于少数派、不走寻常路的感觉[①]。

但是，麦格雷格尔最高明的地方，在于他能让自己沉浸于诈骗的整个过程，让外界觉得他把自己也"骗"了，或压根儿就没有诈骗的恶意。因此，有人为麦格雷格尔的诈骗行为进行辩护，认为他的移民之举跟恶意诈骗有本质区别。理由是，麦格雷格尔通过发行政府公债攫取了大笔财富，他本可以就此收手，但他仍

---

① 这种现象在受教育程度较高的受害者中可能尤为常见。

然积极推动移民活动,这足以说明他没有诈骗的动机。

有人甚至认为,麦格雷格尔是一个"为梦想窒息"的人。他有远大的理想,也愿意付诸行动,只不过,他的想法太过于超前。但无论如何,他通过虚构国家的方式骗取资金,是实实在在发生的事情。如果这不是诈骗,那是什么呢?

◇ 投资人视角

麦格雷格尔虚构了一个国家,并制定了一部宪法,还亲自推动了移民工作的实施。

跟本篇的其他几位诈骗者相比,他确实有着"非凡的气魄"。只不过,他用错了地方。如果一个人为达目的不择手段,那是很可怕的事情。他的能力越强,他对这个社会的危害就越大。

本质上,这种人跟"拿着机枪的大猩猩"没有什么区别。其他诈骗者要的是钱,但麦格雷格尔不但要钱,还要命。尽管有人为麦格雷格尔的诈骗行为进行辩护,有些辩词听起来似乎还有些道理,但事实胜于雄辩。

在资管行业,有些管理人试图通过极端的方式扩大自己的影响力,以获得公众的认可,比如押宝某家企业,比如不断地加杠杆。而部分投资者也愿意"买账",但从结果来看,显然都不理想。

正所谓,货悖而入者,亦悖而出。以违背常理得到的东西,也会以违背常理的方式失去。如果一个投资人在某一年获得了几倍的收益，作为持有人，不但不应该兴奋，还应该提高警惕，并且应该思考：他是通过什么样的方式获得这个回报？他冒了多大的风险？可持续吗？

毕竟，作为世界上最优秀的投资人，巴菲特几十年的投资生涯所获得的年化回报也不过20%而已。

有些东西如果看起来不像是真的，那多半就不会是真的。某些基金的投资回报如果高得离谱，那多半也是不可持续的。

"网贷教父"的崩塌：周世平

他出身卑微，但通过资本市场收获了"第一桶金"，并在互联网金融的时代热潮中站上了网贷行业之巅。他是P2P界的"老实人"，最终却因为风控能力、专业水平和法律意识的薄弱，葬送了自己"励志"的一生。

2022年9月，有"网贷教父"之称的红岭创投实控人周世平等18人被移送深圳中级人民法院接受审判。

经侦查机关认定："周世平等人在2009年3月至2021年9月期间，利用'红岭创投''投资宝'网贷平台以及'红岭资本线下理财'项目，通过公开宣称，以保本付息、高额回报为诱饵，向社会不特定公众线上、线下非法集资。""集资参与人累计51.68万名，非法集资1395亿元，造成11.96万名集资参与人本金损失163.88亿元。""所吸收资金被用于还本付息，收购上市公司，买卖证券、期货，投资股权，对外借贷，部分资金被周世平用于购买房产、偿还个人债务等。"

在金融圈内人士看来，那只一直悬挂着的"靴子"终于落地了。其实，早在2021年7月，周世平就已经被警方采取刑事强制措施。当年11月，深圳福田警方发布通告，周世平等74人分别以涉嫌集资诈骗罪、非法吸收公众存款罪被逮捕。

这基本宣告了曾经的"网贷教父"的落幕。

一

已是耄耋之年的尤努斯估计不会想到，他开创的针对低收入人群和小微企业的小额贷款，会在中国得以发扬光大。这位获得诺贝尔和平奖的孟加拉国经济学家，创造性地通过P2P模式解决了当地人小额贷款的问题。

P2P（Peer to Peer lending），即"个人对个人，或点对点网络借款"，是一种将小额资金聚集起来借贷给有资金需求人群的一种民间小额借贷模式。它属于互联网金融产品的一种。以前，借钱方式比较单一，有资金需求的人无非通过熟人或者银行获得所需资金。中国人爱面子，除非迫不得已，一般情况下不太愿意向熟人开口借钱。因为大家内心都清楚，人情债难还。而向银行借钱，手续比较烦琐，审批时间也比较长，对急需用钱的人来说，向银行借钱的门槛比较高。

有了P2P之后，借款人可以在网贷平台发布借款信息，如金额、期限、利率等。网贷平台在获得借款人信息之后，根据借款人的信用状况，将其匹配给资金提供方（出借人）。理论上来说，网贷平台只起着信息中介的作用。早期的网贷平台，盈利模式也简单，只收取管理费。

P2P的出现，正好满足了那些不太符合银行贷款条件的个人，尤其是小微企业的需求。在我们国家，小微企业占了全国企业的90%左右，解决了大部分社会就业难题，但小微企业融资难、融资贵的问题一直比较严重，缺乏资金一直是小微企业发展中的阻碍。跟银行贷款的高门槛、繁杂的流程和缓慢的放款速度相比，P2P网贷门槛低且放款速度快的优势就显现出来了。

此外，对资金的供给方来说，小额资金存银行可能还跑不赢通胀，而一般的理财产品，其收益率也比较低。P2P动辄年化20%、30%，甚至40%的回报，对有理财需求的人来说，显然很有吸引力。因此，P2P一经传至我国[①]，因为社会需求大、准入门槛低，在移动互联时代背景下，整个行业发展极其迅猛。

2013—2015年，以P2P为代表的互联网金融发展呈井喷之势，国内在短短一两年时间成立了数以千计的P2P平台。在最高峰的2016年，运作中的P2P平台超过3500家。各路资本纷纷入场布局，整个行业变得格外引人注目。

有经验的投资人都明白，当一个行业发展速度快而其准入门槛又比较低的时候，指望这个行业有序发展几乎是不可能的事。因为这是一个典型的"不可能三角"。

自2013年开始，在行业的快速发展过程中，P2P乱象随处可见，引发了社会各界的广泛关注。2016年8月，银监会等部门正

[①] 全球第一家P2P平台企业在英国成立。

式发布《网络借贷信息中介机构业务活动管理暂行办法》，并会同相关部门在2016—2017年，相继发布了《网络借贷信息中介机构备案登记管理指引》《网络借贷资金存管业务指引》《网络借贷信息中介机构业务活动信息披露指引》。

也就是说，在2017年前后，我国网贷行业的监管和制度框架基本搭成。但是，已染沉疴的躯体，"打针吃药"已经不能从根本上解决问题。清退问题P2P平台和化解风险已经成为全社会和监管部门的要求。2018—2019年，有超过1500家的P2P平台被强制停止运营。2020年，P2P网贷平台迎来关键性转折：截至6月末，全国实际运营的P2P平台只有29家；截至8月末，全国实际运营的P2P平台只有15家；截至9月末，全国实际运营的P2P平台仅有6家；11月27日，银保监会首席律师刘福寿透露，到11月中旬，实际运营的P2P平台已经全部归零。

一个曾被寄予厚望、广受市场欢迎的新事物，在短短十几年时间，完成了从诞生到成长再到消亡的整个过程。

二

周世平的前半生，是一个土得掉渣的"小人物逆袭"的故事。

他是1968年生人，属猴。他的行为倒也跟他的属相很匹配，在50余年的人生经历中，无论是做生意还是待人接物，周世平都跟"精明"二字紧密结合。

他出生于江苏如皋一个农民家庭。他没有上过大学,高中毕业后在老家南通的一家工厂打工。因为一次意外事故,他的三根手指被卡在工厂机器上,等他把手指从机器中拉出来时,手指上的骨头都清晰可见了。

周世平可不是一个甘于平庸的人。

法国物理学家、数学家布莱士·帕斯卡曾言,人是一根会思考的芦苇。在浩瀚的宇宙中,人类就像一根随风飘荡的芦苇一样渺小。但是,因为人类有思想、会思考,所以也就有了立于天地之间的勇气。

这次的意外受伤,给了周世平直面人生和思索未来的机会。在他看来,在工厂上班不是长久之计。一来工资比较低;二来工作强度大,一不小心还容易受伤,非常不划算。他想到了做生意。他开始做水产生意,但毫无疑问,水产生意赚的是辛苦钱。

一个偶然的机会,周世平听说别人炒股赚了大钱,于是,他将做生意的8000元本金投了进去。但一年之后,本金只剩300多元。后来,经高人朋友指点,不甘心的周世平再度拿着辛苦赚来的4万元杀入股市。这次,他的运气出奇的好,到1996年,他在股市已经赚了60多万元。

在亢奋的牛市环境中,赚钱似乎变得极其容易,因为买什么股票都能涨,每个人都觉得自己是股神。已经在股市得到了"第一桶金"的周世平让那些反对他炒股的人闭上了嘴巴,有些朋友甚至希望他能带大家一起发家致富。周世平信心满满,将自己的

60多万元和亲友的200多万元凑整了300万元全部投入股市，没想到1997年亚洲金融危机来袭，300万元几乎赔光。转眼间，他就从一个有钱人变成一个负债几百万元的穷光蛋。更糟糕的是，妻女也离开了他，还有人把他告上了法庭。

查理·芒格曾说过，当一个人负债累累，又众叛亲离的时候，他就不可能拥有好心态。

所以，对临近而立之年的周世平来说，1997年可能是他人生中非常值得铭记的艰难时刻。接下来的十年间，他几乎一门心思赚钱还债。在2005年，他再次筹集了一笔资金投入股市，两年后，大牛市的来临让他大赚了一笔。赚了大钱的他，一口气在深圳买了几套房。

虽然有赚有赔，但总体来说，周世平在资本市场还是赚了大钱。只不过，他总觉得股票市场波动太大，对大部分股民来说，因为持股的体验并不好，所以很难赚到钱。

对某些股民来说，他们一直奢望着这个世界上存在这样的投资品种：它能给客户带来较高收益的同时，又不存在损失本金的风险。周世平身边就有一群这样的朋友：他们有一些闲钱，但他们无法忍受股票市场的高波动，又不甘心把钱存在银行"吃利息"。

2007年，整个互联网行业发展势头迅猛，因为投资人特有的职业敏感性，周世平开始关注网贷。这一年，毕业于上海交通大学的顾少丰，受尤努斯影响，成立了拍拍贷，这应该算是最早的

P2P平台公司了。而作为拍拍贷论坛活跃用户的周世平，对这个新奇的事物很感兴趣。

于是，他试探性地在拍拍贷上投资了两万元，很不幸，对新事物的投资，初次体验并不美妙。这次投资一分钱也没有要回来，成了一笔坏账。周世平对拍拍贷"风险自担"的做法非常不满，他认为，这种模式可以改进，平台可以通过垫付机制让投资人投得更安心。

有一定金融常识的人应该明白，没有任何金融产品能承诺保本保息、毫无风险。即便把钱存入银行，也是有风险的，否则，《存款保险条例》就没有存在的必要。

但对没有上过大学的周世平来说，他可不知道这个金融常识。他可以什么都没有，但有的是胆量，并且还不小。在一个行业发展的早期，敢于打破常规、大胆创新的人，才有可能走在前列。

2008年，周世平带着几个人在深圳一个很小的办公室折腾他的网贷公司。次年，他的网贷平台正式上线，成为深圳较早的P2P公司之一。公司取名"红岭创投"，是因为深圳有条路叫红岭路，那是一条可以跟北京金融街、上海陆家嘴相媲美的世界级"金融街"。

这个平台首创"平台垫付"模式。如果出现坏账，由平台来垫付。这本质上就是"刚性兑付"。简单来说，如果平台上贷款出现逾期，红岭创投将会向投资人（出借人）全额垫付投资本息。

三

"老周"是投资人对红岭创投创始人周世平的亲切称呼。就像伯纳德·麦道夫的投资人亲切地称呼其为"伯尼"一样。为什么这么叫？因为他"厚道"，他承担了资金出借人的本金坏账风险。

周世平能把红岭创投带到行业之巅，也是因为他的"厚道"。乘着时代的东风，在短短的几年时间，凭借着周世平"厚道""老实人"的人设，红岭创投一跃成为行业头部企业之一。运营十几年，红岭创投累计成功出借金额超过4500亿元，拥有超过274万个出借人。能做到如此大的规模，离不开公众对"老实人"周世平的信任。

在接受外界采访时，周世平曾说道："我想建立一个平台，作为普通老百姓投资理财的渠道，让大家不用经历股市风险。我对投资人说过，投资人吃肉，老周喝汤就可以了。"他还表示，要把骗人的公司挡在门外，让行业有更好的发展。极具讽刺的是，几年之后，他创办的红岭创投就成了他口中的那个骗人的公司。

本来，P2P平台公司如果不违背P2P的定义，安分一些，循规蹈矩往前走，风险还是相对可控的。虽然通过P2P平台借贷的客户，其信用等级跟银行客户相比会差不少，但因为是小额贷款，金额都不大，即便出现违约和坏账，也可以通过较高的利率进行补偿。

但问题就出现在周世平和红岭创投的不安分上。从2014年开始，红岭创投开启了"大标模式"，单标金额可以上亿元。同年，第一笔规模上亿元的坏账就出现了。周世平履行了自己的承诺，红岭创投为这个上亿元的坏账进行了兜底。当别的P2P平台都试图掩盖坏账率的时候，周世平的兜底无疑是"自揭家丑"。但这是一个巨大的广告效应，因为周世平"厚道""老实人"的人设进一步"坐实"。

红岭创投的交易金额也开始不断创出新高。2016年，红岭创投被美国最大P2P调研机构Lend Academy评为"中国最重要的八家P2P网贷平台"之一。而周世平成了许多投资人和媒体眼里的"网贷之父"。

"平台垫付"叠加"大标模式"，就像悬在周世平和红岭创投头顶的"达摩克利斯之剑"。这两个因素都极易导致坏账金额和坏账率的急剧上升。当坏账超过公司赔付能力时，公司就完全有可能无法兑现垫付承诺。如果继续兑现垫付承诺，P2P平台就只能挪用新的出借人的资金，用新的出借人的本金去偿付旧的出借人的本金和利息。这显然又是"庞氏骗局"的逻辑。

2017年7月，周世平在红岭社区发文称：既不看好网贷业务，也不擅长做网贷业务，计划在3年内清盘。"做了8年网贷，我的心太累了！"周世平坦言，转型就是因为垫付和坏账，"我们做到2700多亿元交易量，不仅没有赚钱，还有8亿元的坏账。"

他的言论一出，很快就引发了媒体和金融监管机构的关注。

2019年3月，周世平在红岭社区发表"虽然是清盘，但不是说再见"的帖子，随后正式宣布红岭清盘计划。他公布了详细的清盘兑付安排：2019年兑付20%，2020年兑付35%，2021年兑付45%。他还对外发布文章称，红岭创投引入了四大资产管理公司之一的某资产管理公司，帮助处理不良资产。

只不过，这一次，人们没能等到他兑现承诺的那一刻。人们等到的，是2021年7月一份他被采取刑事强制措施的公告，也看到了一个"厚道"和"老实人"更真实的一面。

◇ 投资人视角

周世平从一个金融门外汉，成长为P2P行业的"大佬"，他的人生经历足够"励志"。一方面是赶上了行业的大发展时期；另一方面是他的胆子足够大，不按常规出牌，说得不客气一点儿，是"无知者无畏"。

老周的"老实人"人设很有杀伤力，他对公众资产所造成的损失是一个天文数字。这几年，连续爆发的大额金融诈骗，反映出公众对投资的认识是何等肤浅，相关部门的"投资者教育"工作任重道远。

周世平的案例，对投资者具有重要的教育意义。首先，在现代社会，商业往来更应该重视规则和规矩，而非道义或所谓"情怀"。其次，要有敬畏之心。周世平敢对大标进行兜底，是典型的没有敬畏之心的表现。

在资管行业，我们经常会看到，某些投资人在判断未来市场时言之凿凿，那气势，仿佛一切尽在掌握之中。但在这个市场待久了，我们就会发现，一切皆有可能。有时候，即便我们把最悲观的情况考虑在内，但实际情况有可能比我们想象的还要悲观。

比如，在互联网泡沫破灭时，没有人想到亚马逊的股价可以跌去90%。当然，也没有人会想到，作为互联网龙头的腾讯控股，它的股价竟然可以从700多港元一直跌到100多港元。

但是，这些事情就是发生了。

并且可以预计的是，类似的情况，将来还会一而再再而三地发生。

结束语

从"投入—产出"和"成本—收益"的角度看，写书是一个苦差事。

一本书从前期准备到最终面世，短则一年，长则三五年，需要投入大量的时间和精力。

但是，写书的回报却是极其有限的。想要通过写书发财，需要远在星辰之外的好运气。对作者来说，能获得一小部分读者的喜欢和认可，已经是极大的"奖赏"了。

毕竟，我并不是什么特别的人物，既不是科班出身的经济学家，也不是一个有能力兜售心灵鸡汤或自我救赎的灵魂导师。我只不过是一个资质平平的读书人，一个热爱自己职业的资管行业从业者，一个无足轻重且名不见经传的投资经理[①]。

但即便如此，我仍然有作此书之动力。

北宋大学问家张载曾言："为天地立心，为生民立命，为往圣继绝学，为万世开太平。"这恐怕是中国读书人的最高追求

---

① 这样一来，我写此书反而没有太大的心理负担。

了。我没有这样的野心，也配不上这么高的追求。我只是觉得，作为一个职业读书人、一个知识工作者，当我读过大量的书籍、历经长时间知识的灌输之后，我也想用某种方式来检验自己的学习状况、知识结构和认知水平。

写书，可能是我能想到的最佳的知识检验和输出方案了。

十几年前，读研究生那会儿，出书是不太容易的。当年跟导师刘教授合编了一部教材，当看到自己的名字出现在书的封面时，竟然很没出息地兴奋了半天。

如今，在一个全民阅读的时代，人人可以通过互联网或写书的方式来分享"认知盈余"。这在以往是难以想象的，如今却是稀松平常。

魏晋时期的曹丕，地位甚高，后来登上了皇位，算是走上了人生巅峰。但他仍不满足，仍然感到"年寿有时而尽，荣乐止乎其身，二者必至之常期，未若文章之无穷"。翻译成大白话就是：帝王将相、富贵功名很快便是白骨荒丘，真正不朽、能够世代流传的却是精神生产的东西。

所以，如此说来，写此书之目的，首先恐怕是满足作者自身的精神需求。当然，如果纯粹是出于以上目的而作此书，那未免也太过于"草率"了。

新中国成立以来，中国经济的腾飞是从改革开放开始的，迄今也不过四十多年。虽然中国已经是世界第二大经济体，但跟欧美发达国家近代动辄上百年的经济发展周期相比，我们起步最晚，经济基础仍然比较薄弱。

更薄弱的，可能是国民对资本的认识。

人们总觉得资本离自己很遥远，总认为资本是冷冰冰的。人们弄不清楚，何为资本。他们更没法搞明白，政治家、银行家、投资人、投机者和诈骗者跟资本有何关联。在对资本略知一二的群体中，他们对资本的误解也是一直存在的。其实，资本背后的人决定了资本的温度。

在资本的世界里，一个很有意思的现象是，跟政治家、银行家、投资人、投机者和诈骗者相比，企业家所遭受的抨击可能是最猛烈的。在互联网上，对企业家的肆意攻击和随意谩骂随处可见。有些人甚至认为，企业家是"吸血鬼"，赚得太多了，比周扒皮还厉害。

我们必须认清这么一个事实：企业家是社会财富的创造者，也承担着创业失败的风险。社会舆论很容易被"幸存者偏差"左右，有些人只看到（或只愿意看到）一小部分企业家的成功，而习惯性地忽视那些数不胜数的失败的企业家们。

鲁迅先生曾用辛辣的文字讽刺那些看问题不够全面或不能系统看问题的人。他说："譬如勇士，也战斗，也休息，也饮食，自然也性交，如果只取他末一点，画起像来，挂在妓院里，尊为性交大师，那当然也不能说是毫无根据的，然而，岂不冤哉！"

由此看来，提升读者对资本以及资本背后的人的认识，是作者写作此书的另一个目的。

但是,我们不应该对实现这个小目标抱有过高的期望,毕竟改变一个人的想法和观念太难了。但即便如此,我们还是应该去做,哪怕为了那极小比例的一部分人。

是为结束语。